5-7, rue de l'Ecole-Polytechnique, 75005 Paris

http://www.harmattan.fr
diffusion.harmattan@wanadoo.fr

ISBN : 978-2-343-10089-0
EAN : 9782343100890

HABITER
LE MONDE FRAGILE

Ouverture philosophique

Collection dirigée par, Dominique Chateau, Jean-Marc Lachaud et Bruno Péquignot

Une collection d'ouvrages qui se propose d'accueillir des travaux originaux sans exclusive d'écoles ou de thématiques.

Il s'agit de favoriser la confrontation de recherches et des réflexions, qu'elles soient le fait de philosophes « professionnels » ou non. On n'y confondra donc pas la philosophie avec une discipline académique ; elle est réputée être le fait de tous ceux qu'habite la passion de penser, qu'ils soient professeurs de philosophie, spécialistes des sciences humaines, sociales ou naturelles, ou… polisseurs de verres de lunettes astronomiques.

Dernières parutions

Fabrice MOUSSIESSI, *Penser l'épistémologie non classique des mathématiques chez Imré Lakatos,* 2016.

Gérard GOUESBET, *Violences des Hommes*, 2016.

Dominique CHATEAU, *Ontologie et représentation*, 2016

Philippe FLEURY, *Walter Benjamin, Un itinéraire philosophique*, 2016.

Paul DUBOUCHET, *Le « scandale Joseph de Maistre »*, 2016.

Pierre LAMBLE, *Le temps des monstres, Conscience humaine et violence de l'état, tome 4*, 2016.

Pierre LAMBLE, *Esprit et déraison, Conscience humaine et violence de l'état, tome 3*, 2016.

Pierre LAMBLE, *L'ombre de César, Conscience humaine et violence de l'état, tome 2*, 2016.

Pierre LAMBLE, *L'enfance terrible des États, Conscience humaine et violence de l'état, tome 1*, 2016.

Rafik HIAHEMZIZOU, *L'Expérience scientifique. Exposé philosophique de son développement*, 2016.

Joël BALAZUT, *La structure métaphysique du monde moderne. Heidegger et la question de la technique*, 2016.

Gilles GUIGUES, *La vertu en acte chez Aristote, Une sagesse propre à la vie heureuse*, 2016.

Barthélemy KABWANA MINANI

HABITER LE MONDE FRAGILE

Réflexion sur la technique dans l'ontologie de Hans Jonas

Préface de Marc Grassin

L'Harmattan

REMERCIEMENTS

Je tiens à remercier tous ceux qui de près ou de loin m'ont aidé à parfaire ce travail : Le prof. Marc Grassin qui l'a dirigé, Anne-Marie Pierron et Odile Beguin qui l'ont relu et corrigé, les confrères et amis dont l'apport moral et matériel a été déterminant pour sa publication : Paolo Tovo, Pier Agostinis, Emmanuel Adili, Benjamin Mugisho, Jacques Galangwa, Paulin Batairwa, Ghislain Mulumanzi, Louis Birabaluge, Joseph Bavurha, Donatien Ciza, Seraphin Akonkwa, Gabriel Basuzwa, Ferdinand Mushagalusa, Damas Bwiza, François Mushinzi, Martin Ali Keke et tous les autres.

PRÉFACE

Ce texte serait-il une contribution de plus sur Hans Jonas, la simple mise en forme d'un travail académique de plus ? Pas tout à fait. Il y a dans ce texte, devenu un livre, bien autre chose. Il y a un petit quelque chose qui nous emmène au fil de la lecture vers une compréhension plus juste de l'enjeu qui désormais nous est incombe. Il y a dans ce texte un authentique travail philosophique qui nous invite non seulement à mieux comprendre la position philosophique de Hans Jonas – ce qui n'est déjà pas rien –, mais à nous positionner sur la modernité contemporaine. Tout l'enjeu de ce livre, et c'est sa force, est d'assumer les tensions qui désormais font partie de notre condition anthropologique. Nous habitons le monde dans le mouvement infini de le transformer jusqu'à mettre en jeu la nature elle-même, mais aussi notre condition humaine. Nous découvrons par la puissance de notre pouvoir-faire et de notre capacité à intervenir que l'homme est celui qui s'invente comme liberté. C'est son mode d'être, sa manière à lui d'être au monde. Sa liberté a un prix, celui du risque, mais aussi celui d'avoir à avancer en clair-obscur en ayant à tracer un futur au sens propre du terme infigurable. Notre condition humaine est incertitude et complexité. Et si cela inquiète et fait peur, c'est aussi l'occasion formidable de reprendre la main. Plus que jamais, la responsabilité enracine l'homme dans sa condition, celle d'avoir pour reprendre une formule de Paul Ricoeur à « rendre compte parce qu'un autre compte sur nous ».

Barthélémy Kabwana Minani rend compte à sa manière en tentant de dire là où nous avons désormais à creuser l'exigence éthique de notre responsabilité vis-à-vis de l'autre, et de tout autre, y compris de ceux et celles qui n'existent pas encore et dont pourtant nous avons à être déjà maintenant solidaires. Le monde humain est un monde ouvert parce qu'un acte créatif. Nous créons notre monde et avons à l'habiter. Qu'est-ce que cela signifie ? Habiter son monde veut dire que nous n'avons pas seulement à suivre le mouvement de ce qui s'impose à nous, mais que nous avons à décider nos manières d'investir ensemble notre habitat anthropologique et politique. Si le monde – c'est-à-dire que ce que nous faisons – est la « maison commune » des Hommes, mais plus encore de la vie en humanité, c'est-à-dire d'un éco-système anthropo-politique, l'habiter nous renvoie à la question des modes de relations entre les Hommes, les choses et l'environnement. Que souhaitons-nous comme type de relation ? Voilà la question décisive, celle de la décision de la relation présente et future de l'homme avec lui-même. Lourde tâche et lourde responsabilité qui nécessitent une éducation, véritable condition assumer une liberté commune.

Une préface n'a pas besoin d'être longue, elle n'est là que pour servir l'auteur du texte, comme une sorte de premier témoignage de ce qu'a été son expérience de lecture. Et comme premier lecteur, je voudrais dire à ceux et celles qui liront à leur tour ce texte authentiquement philosophique qu'il invite au dialogue intellectuel avec l'auteur. C'est là l'essentiel. Les quelques heures passées avec son auteur au fil de son analyse laissent le sentiment plaisant qu'à la fin il y a un possible, un avenir et un futur. Il y a dans ce texte une confiance sans naïveté dans le monde et dans l'homme. C'est cela aussi l'exigence éthique. Croire et vouloir que l'avenir est ouvert… Croire et vouloir que l'homme est son propre avenir.

Marc Grassin
Professeur à l'Institut Catholique de Paris
Directeur du groupe "Philosophie et entreprise"

AVANT-PROPOS

L'Afrique, même si presque personne n'en parle, est de plus en plus polluée, et devient progressivement moins habitable. Nous assistons depuis deux décennies à la déforestation à grande échelle qui détruit la biodiversité et favorise l'avancée du désert. La production du coton, du café et du cacao baisse par maque de pluie suffisante. Et le peu de production se vend mal suite à la crise économique qui frappe le monde. Dans les villes africaines, l'air est de moins en moins pur par manque d'espaces verts et à cause de la fumée toxique des machines des sociétés privées. Le développement urbain anarchique et le manque des infrastructures de traitement des ordures polluent la nature davantage. Des phénomènes actuels tels que la perturbation climatique, la désertification, la perte de productivité de vastes territoires agricoles, la pollution des fleuves, des lacs et des nappes phréatiques, l'appauvrissement de la biodiversité, le déboisement des zones équatoriales, devenues monnaie courante, ont déjà commencé à créer les *réfugiés de l'environnement*.

À notre grande surprise, malgré ce tableau sombre, l'Afrique ne semble pas se mobiliser assez, tellement les radios et les télévisions font l'éloge du modèle capitaliste qui a façonné la société occidentale et dont les conséquences sur la nature sont incommensurables. Les jeunes Africains, à l'exemple des autres jeunes du monde entier, rêvent d'avoir de nouveaux téléphones, ordinateurs portables, voyager par avion à l'étranger, etc. Le sort de notre planète ne semble pas prioritaire pour eux. C'est pourquoi nous voulons nous demander, quel est l'avenir du monde si l'homme doit mettre toute sa foi dans la technique et son artefact. Quel est le statut de cette technique qui enthousiasme tant et qui nous promet terre et ciel tout nous construisant l'enfer ? Au terme de cette rédaction, il faudra démontrer que *la technique, en tant que moyen, n'est pas mauvaise en soi, c'est quand elle cesse d'être moyen pour devenir une fin, qu'elle devient dangereuse*.

Nous vivons dans une époque où les outils de la technique et la vie ordinaire des « vivants » sont dans une relation d'implication réciproque, si bien que la vie complètement défaite de tout ce qui est technique n'est plus envisageable. En effet, certains objets de la technique sont devenus indispensables ; chacun se sent justifié de porter partout avec soi son smartphone ou sa tablette, jusque dans la salle de bains, de conférence, à l'église, avec l'outil qui le connecte en permanence au flux d'informations, parfois utiles ou futiles. Il n'est pas saugrenu de penser comme Castillo que « nous sommes devenus des aliénés volontaires, des asservis qui pensent trouver le bonheur dans l'addiction communicationnelle[1] . » ***La technique et ses outils, est-ce une menace à conjurer ou une arme efficace pour conjurer la menace ?***

[1] Monique CASTILLO, *Faire renaissance. Une éthique publique pour demain*, Vrin, Paris, 2016, p. 221.

INTRODUCTION

Sophocle savait que l'homme est **το δεινοτατον** c'est-à-dire le plus inquiétant. Il est inquiétant d'abord parce qu'il est dépositaire d'une puissance que la plupart du temps il ne sait pas dompter, et qui est susceptible de le « ballotter entre l'ordre et le désordre, entre le noble et l'ignoble »[2]. L'homme se définit ainsi par la possibilité de l'écroulement et de la ruine. Si l'homme est le plus inquiétant, son « inquiétance » (*Unheimlichkeit*) naît du fait que sa surpuissance qu'il ne peut maîtriser ni contrôler, le tient pourtant instable au-dessus de l'abîme menaçant immédiatement de le terrasser. Cet homme est le produit de la civilisation capitaliste.

Dostoïevski a comparé l'Europe moderne (terre de l'homme inquiétant) à un enfer puisque sa civilisation s'est imposé le refoulement infernal : refoulement de la sainteté, de la souffrance, de la mort et de l'attente du salut. Les hommes s'y sont déshabitués de vivre, tous sont devenus boiteux, les uns plus que les autres. Ils se complaisent tellement dans cet état que parfois,

---

[2] Jean VIOULAC, *Apocalypse de la vérité*, Éditions Ad. Solem, Paris, 2014, p. 136.

ils ressentent une sorte de répulsion devant la « vie vivante » et détestent qu'on leur rappelle son existence. Dans cet enfer, tout – y compris la possibilité de se détruire soi-même – y est permis. L'homme y a un ressentiment d'autosatisfaction, tel un enfant irresponsable laissé à lui-même qui a enfin le droit de tout faire, mais qui, le soir venu, ne sait que faire de sa liberté et n'éprouve que peur et angoisse[3].

Le crépuscule, « le silence éternel des espaces infinis », remplissait Pascal de frayeur ; la froideur d'un monde qui a perdu son centre faisait trembler Nietzche, la persistance du mal malgré la confiance intrépide en Dieu, faisait naître le désespoir chez Heidegger. Ne sommes-nous pas devenus indifférents à la peur, au tremblement et au désespoir des philosophes ? Notre civilisation, ne semble-t-elle pas avoir oublié qu'elle est enracinée dans quelque chose sur quoi elle n'a ni pouvoir ni influence ? Nous avons tué Dieu par ambition qui n'est autre que notre recherche de solution à tout. Cette ambition se transforme en orgueil quand l'homme cherche des solutions à ce qui n'en a manifestement pas, c'est-à-dire, quand la transcendance se transforme en question pratique. La ferveur de l'adoration vouée autrefois à Dieu est la mesure de l'adoration que la civilisation moderne voue à la technique. C'est ce qui fait dire à Hans Jonas que la technique est le véritable vainqueur du XXe siècle et elle le sera probablement

[3] Laszlo FÖLDENYI, *Dostoïevski lit Hegel en Sibérie et fond en larmes*, traduit du Hongrois par Natalia Zaremba-Huzsvai et Charles Zaremba, Actes du Sud, 2008, p.47-48.

davantage pour le XXIe s. Le moyen terrestre étant devenu une fin transcendantale, la technique a aliéné l'homme de lui-même, elle l'a vaincu avec une telle ruse qu'elle lui a donné l'illusion de se croire vainqueur en dépit de sa condition d'esclave. Par conséquent, ce dernier a oublié l'essence cosmique de son propre être. Son enfer est devenu, non pas l'hypertrophie « démoniaque » de la technique, mais l'oubli de la blessure tragique que la technique inflige à l'esprit humain. Si on s'en tient à la logique de Jonas, l'enfer, ce n'est pas la technique. L'enfer c'est quand l'intégrité de l'Être, le Tout cosmique se réduit à un monde que la technique peut manipuler.

En effet, depuis le début de l'ère industrielle, le développement économique semble aller de pair avec la dégradation de l'écosystème. L'humanité rejette des déchets que la planète a du mal à éliminer. Ces déchets détruisent sans pouvoir les remplacer, des protections naturelles, tout en menaçant aussi la régularité du climat. En consommant des énergies qui s'épuisent et qui ne peuvent pas se renouveler, l'homme compromet la vie sur terre et expose au péril tous les êtres vivants, humains et non humains. On se demande, qui est cet homme, qui s'appelle encore « humain » tout en détruisant l'humanité ? Dans quelle époque se trouve-t-il ? Où réside-t-il ? Et avec qui est-il prêt à cohabiter ? L'homme technologique, de par son dispositif, est cet « [...] exploiteur, dominateur, dévastateur qui ne se préoccupe pas d'équilibres biologiques et qui veut plier à ses caprices les lois de la nature, que ce soit pour son profit financier ou par volonté de puissance. L'homme qui se croit un démiurge, parce qu'il pense que rien n'est impossible à la fécondation réciproque de la science et de la technique. L'homme qui ne se préoccupe pas des générations futures. L'homme qui se veut responsable devant personne : ni Dieu ni maître. Il ne voit pas qu'il joue à l'apprenti sorcier, qu'il risque de déclencher des désastres irréparables et de s'enfouir lui-même sous les décombres »[4]. Si cette définition est généralement corroborée par Hans Jonas, on se demande en lisant son œuvre, pourquoi il a dû changer le sujet de recherche ? Ses travaux de jeunesse portent sur la gnose et ceux de maturité portent sur la conservation de la vie dans un environnement sain. Y a-t-il discontinuité dans sa pensée ? Pourquoi ce revirement, si revirement il y a ?

La vie de Jonas fut marquée, comme celle de beaucoup d'autres Juifs de cette époque, par la menace nazie et la Seconde Guerre mondiale. Jonas prit le chemin de l'exil en 1933 qui le conduisit d'abord en Angleterre, puis en Palestine, en 1935, où il enseigna la philosophie à l'université hébraïque. Son père décéda un an avant le début de la Seconde Guerre mondiale ; sa mère, quant à elle, fut déportée à Auschwitz où elle mourut, assassinée, en 1942. C'est dans ce contexte que Jonas consacra ses premiers travaux à l'étude du phénomène gnostique, relevant le fait que, de par son dualisme, le gnosticisme dresse Dieu (qui représente une instance supérieure) contre le monde (qui est une déchéance, instance inférieure) et l'homme contre la terre (règne de la contingence). La connaissance et la

[4] René COSTE, *Paix, Justice, gérance de la création*, Nouvelle cité, Paris, 1989, p.80.

possession des mystères que cache la gnose modifient fondamentalement la manière d'être au monde de celui qui se l'approprie. Quand l'homme intériorise la gnose, il cesse d'aimer le monde qu'il ne veut plus habiter, il cultive une haine contre celui-ci et cherche à s'en évader. Cet « anticosmisme » est aux yeux de Jonas une sorte d'anti-responsabilité puisqu'il désengage complètement l'homme du monde et encourage l'agression contre la nature. Dès lors, comment ramener l'homme à aimer le monde comme son repaire ?

Le séisme provoqué par la Seconde Guerre mondiale, le terrible génocide juif et les premiers usages de l'arme nucléaire, puis les spectaculaires développements des sciences et des techniques modernes poussèrent Jonas à orienter sa réflexion dans d'autres directions : L'homme et la civilisation moderne, s'interroge Jonas, ne menacent-ils pas l'équilibre global de la nature ? Jonas prit conscience, avant beaucoup d'autres penseurs de l'époque, des graves dangers que la technique, l'industrie moderne, et le mode de vie occidentale qui en découlait, allaient faire peser de plus en plus sur l'écosystème planétaire. Cette prise de conscience l'amena à développer une réflexion profonde sur la problématique des rapports de l'homme moderne à la nature et sur la responsabilité de celui-là vis-à-vis de celle-ci. Il accepte d'endosser le rôle de « prophète de malheur » qui annonce la catastrophe imminente et dénonce l'irresponsabilité de l'homme technologique qui ne trouve rien de mieux que de s'abriter dans une maison qu'il vient d'incendier lui-même. Jonas va presque à l'extrême, en dressant le développement technologique contre l'équilibre de l'écosystème, si bien que les deux deviennent antithétiques. Cela a comme conséquence que les hommes deviennent simultanément des patients et des médecins qui n'ont pour choix que de combattre le mal qu'ils ont eux-mêmes inventé. D'où la problématique qui traverse ce travail : Afin d'habiter notre maison commune, doit-on défendre la protection de la nature en combattant la technique ou bien, doit-on utiliser la technique pour combattre le réchauffement climatique et maintenir la terre habitable ? Le statut de la technique sera ici mis en question. Est-elle un *pharmacon*, à la fois poison et médicament ? Notre argumentaire se déploie à trois temps. Le premier analyse le phénomène de la gnose, le second s'attaque directement à la question de la technique et enfin nous examinons les possibilités de mettre la technique à profit pour bien protéger notre « maison commune ».

Dans la première partie, il est question du phénomène de la gnose qui occupa la philosophie de Jonas à ses débuts. Jonas a constaté que la gnose crée une déliaison entre l'âme et le corps, l'homme et le monde, ainsi que le monde et Dieu. Cela a conduit l'humanité moderne à se rapporter au monde sur le mode du délaissement et de l'angoisse, le monde étant devenu « maison de la mort »[5]. Le grand souci de Jonas est de rompre « définitivement » avec une « ontologie de la mort » introduite par la gnose et poussée à son acmé par la technique, afin de penser une « ontologie de la vie ». C'est pourquoi, l'intérêt

---

[5] Hans JONAS, *La religion gnostique, Le message du Dieu étranger et le début du christianisme* (trad. L. Evrard), Paris, Flammarion, 1978, p.80.

général de sa philosophie qui a vocation universelle, porte sur l'être et la vie de l'humanité.

Dans la deuxième partie, nous montrerons avec Jonas que la technique, de par sa mobilisation infinie, met en question l'image même de l'homme, son humanité. Jonas étant le premier grand philosophe de son époque à prendre à bras le corps la question de la fin de la vie sur terre, à cause de l'homme et la technique, il sera intéressant de partir de sa pensée ontologique, pour conjurer le péril qui ferait disparaître la vie sur terre, en la rendant inhabitable. La technique qui se caractérise d'après Jonas par « l'usage des forces naturelles artificiellement générées et produites par la puissance de machines productrices de travail »[6], peut être dangereuse en ce sens qu'elle cherche à tout englober dans sa logique de fer ; et l'homme qui la possède « sait qu'en dernière analyse, ce qui est en jeu dans la technique, ce n'est ni l'utilité, ni le bien-être, mais la domination : une domination au sens le plus extrême de ce terme »[7].

C'est pour cela qu'il faudra mettre la technique en question, pour voir comment limiter son pouvoir, surtout lorsqu'il s'étend au contrôle biologique de l'homme et perd de vue que la vie de l'humanité est une fin et jamais un moyen. Quelle forme politique serait-elle efficace pour limiter l'expansion infinie de la technique ? Jonas propose dans un gouvernement des experts (l'expertocratie), la « tyrannie bienveillante », seule capable « d'imposer de choses impopulaires » en

---

[6] Hans JONAS, *Essais philosophiques. Du credo ancien à l'homme technologique*, J. Vrin, Paris, 2013, p.110.

[7] Pape François, *Laudato si,* n° 108.

vue du bien[8] de tous. Si la responsabilité s'impose comme l'impératif éthique du moment présent, c'est parce qu'elle apparaît comme l'attitude la plus appropriée devant les effets que la technique, laissée pour compte, tend à produire. D'où des interrogations : dans quel sens une éthique du futur est-elle requise et quelle est la condition de sa possibilité ? Exiger que l'avenir soit l'objet des soins alors qu'il n'est pas encore, et on ne peut dire qu'il est ni qu'on a à s'en charger, se révèle impossible, puisque cette éthique-là nous renverrait à la prise en charge du non-être. Dans notre culture qui fait du progrès une vertu cardinale, l'idée de Jonas n'a pas la chance de trouver bon accueil. Tout se passe comme si l'avenir n'avait pas besoin de nous et comme s'il devait prendre soin de lui-même. Au nom du respect de l'autonomie des hommes à venir, l'homme moderne se rend incapable et irresponsable devant les problèmes qui, selon ses dires, appartiennent à un autre monde qui n'est plus son monde.

Pour Jonas, seule une éthique du futur qui s'origine dans la vie, peut servir de remède, afin de rendre à la technique son sens le plus propre, en la réinscrivant dans un mouvement d'ouverture au monde orienté vers l'avenir ; un avenir qui donne son sens au passé et au présent, plutôt que dans un mouvement de clôture qui tend à faire perdre au présent, aussi bien qu'à l'avenir, tout poids ontologique, en éparpillant les mouvements du temps, sans parvenir à penser leur unité. Dès lors, pour comprendre le présent, il faut le prendre dans sa relation au passé et au futur.

---

[8] Hans JONAS, *Le principe responsabilité,* p.279-280.

Dans la dernière partie, il nous faudra arriver à démontrer que, quoique la technique soit le seuil inférieur de l'humanité, en ce sens qu'elle rend possible le triomphe de *l'homo faber* sur *l'homo sapiens* et l'expose au péril, elle permet à l'homme d'habiter le monde, en l'investissant de nouvelles possibilités, qui ne restent pas abstraites, mais s'incarnent concrètement dans la réalité extérieure. Du « monde de la vie » émerge donc un monde technique qui en est la continuité et qui comme lui, permet d'ouvrir un horizon orienté vers l'avenir. Étant donné que l'homme est moins équipé que l'animal, son absence « d'instinct » le rend vulnérable et le pousse à développer la technique pour pouvoir habiter le monde, sous peine de mourir. La technique devient ce qui peut encore nous sauver. Telle est d'ailleurs la leçon du mythe de Prométhée. Toutefois, Jonas se veut beaucoup plus prudent quand il nous invite à avoir « une saine crainte à l'égard de notre propre pouvoir prométhéen [9]». Si la technique trouve son origine dans la transcendance de la vie, dans son pouvoir d'ouvrir un monde, cela veut dire que non seulement la technique provient de la vie, mais aussi qu'on pourrait être tenté de faire de la vie l'horizon de la technique ; à condition de rester fidèle et d'obéir aux limites des lois de la nature (surtout dans le domaine biologique). En somme, c'est sous la condition d'une certaine stabilité de la technique, d'une certaine dépendance maintenue à l'égard de la nature que le monde peut demeurer habitable et que l'homme peut

[9] Hans JONAS, *Essais philosophiques. Du credo ancien à l'homme technologique, op. cit.*, p. 147.

continuer d'avoir un avenir, c'est-à-dire à regarder en avant. La technique dans ces conditions, cesse d'être une menace pour devenir « le bras armé (...) d'une éthique du futur invitant l'homme à se projeter librement en avant »[10].

Notre hypothèse consistera à montrer qu'au-delà de la vision gnostique qui dévalue le monde et la matière au profit de l'esprit et du monde de Dieu, ce monde-ci nous contient, nous et nos œuvres et c'est bien pourquoi nous continuons à exister. Si nous voulons continuer à habiter la terre, nous sommes face à l'impératif catégorique de la protéger. Étant donné que désormais le monde actuel et la technique sont unis pour le meilleur et pour le pire, il n'est plus possible de séparer l'un de l'autre. Nous pourrions au lieu de mener un combat désespéré contre celle-ci, faire de la technique un allié de poids pour la construction d'un monde écocentré et biocentré. C'est cela qui a manqué à Jonas. Il a montré les effets pervers de la technique sur la nature sans en souligner les avantages. Si par la technique l'homme moderne a détruit la nature, il pourrait grâce à cette même technique, lutter efficacement contre les effets dévastateurs du réchauffement climatique. La réconciliation entre les deux frères ennemis (développement technologique et écologie) est probablement le secret d'habitabilité du monde. L'homme change de statut en devenant constructeur en lieu et place de destructeur.

---

[10] Éric POMMIER, *Ontologie de la vie et éthique de la responsabilité selon Hans Jonas*, Vrin, Paris, 2013, p. 241.

Chapitre I

LE DUALISME GNOSTIQUE À L'ORIGINE DU MÉPRIS DE LA TERRE

> *Le trait principal de la pensée gnostique est le dualisme radical qui gouverne le rapport de Dieu et du monde, et conséquemment, le rapport de l'homme et du monde. La divinité est absolument outremondaine ; sa nature est étrangère à celle de l'univers, qu'elle n'a pas créé, qu'elle ne gouverne pas, et dont elle est l'antithèse parfaite : au divin royaume de lumière, autonome et lointain, s'oppose le cosmos, royaume des ténèbres. [...] L'univers, domaine des Archontes, est comme une vaste prison dont le cachot le plus profond est la terre, scène de la vie humaine.*[11]

De la gnose en passant par l'ontologie de la vie jusqu'à l'éthique planétaire de responsabilité écologique, l'œuvre de Jonas est entièrement traversée par une cohérente idée de fonder une éthique sur la métaphysique, c'est-à-dire fonder notre obligation vis-à-vis des générations futures sur une « biologie philosophique » soutenant la thèse d'une continuité ontologique de l'organisme et de l'esprit. Au cœur de

[11] Hans JONAS, *la religion gnostique. Le message du Dieu étranger et le début du christianisme*, (trad. L. Evrard), Paris, Flammarion, 1978, p. 65.

sa philosophie se trouve l'*ontologie comme fondement de l'éthique.* Il part du constat que l'ordre du monde se désagrège, la nature devient vulnérable, voire fragile. Cette vulnérabilité rendue possible par la technique, l'artefact de l'homme, lui impose de changer son regard sur la nature et de la considérer désormais comme « objet de (sa) responsabilité »[12]. L' « irresponsabilité » (actuelle) de l'homme à l'égard de la nature pourrait découler de la vision erronée que le dualisme gnostique a fait répandre.

Jonas présente le gnosticisme comme une conception particulière de Dieu, de l'homme et du monde. D'après cette conception, il existe deux réalités, le bon et le mauvais, la lumière et les ténèbres. Notre monde qui n'est fait que de la matière, est pour l'essentiel abject et pervers. Il est le règne des puissances inférieures où ne pénètre aucun rayon. À l'opposé, Dieu est pur esprit, clarté sans ombre. Les deux forces dont le monde et Dieu sont totalement séparées ; Dieu est exempt du mal, il demeure caché aux créatures, il ne peut être connu naturellement, mais seulement au moyen des révélations surnaturelles. Cependant, en l'homme les principes opposés se rencontrent sans se mélanger. Être d'esprit et de corps, l'homme est comme suspendu entre deux puissances ennemies qui luttent inlassablement l'une contre l'autre sans espoir de réconciliation. C'est pourquoi l'homme est dans son être tantôt attiré par la

---

[12] Hans JONAS, *Le Principe responsabilité. Une éthique pour la civilisation technologique*, (trad. J. Greisch), Les éditions du Cerf, coll. « Champs essais », 1990, p. 31.

chair, tantôt par les plaisirs spirituels. Et comme la première tendance l'emporte sur la dernière, le gnostique cherchera à s'en libérer en niant tout ce qui a trait au matériel. Il cherche à fuir le monde afin d'être délivré du mal.

En quoi le dualisme gnostique a-t-il contribué au mépris de la nature, voire à la négligence de notre écosystème ? Telle sera la préoccupation de ce premier chapitre, qui bénéficiera, outre la théorie de l'auteur sur la question, de l'apport ou de l'influence du platonisme, de l'aristotélisme, de la doctrine chrétienne et sa vision de l'homme-Dieu. Nous conclurons ce chapitre par une confrontation entre Jonas et Heidegger accusé, à tort ou à raison, d'avoir développé une philosophie nihiliste proche de la gnose.

Aux yeux de Jonas, par son dualisme, le gnosticisme représente l'ennemi redoutable de l'éthique de la responsabilité. Selon l'auteur de *Principe responsabilité*, l'humanité actuelle se montre incapable d'agir non seulement adéquatement, mais aussi de faire face au nouveau danger qui la menace, à savoir « la destruction rampante de la planète ». On en arrive là parce que ses catégories de pensée demeurent empreintes de ce mépris du monde qui enflammait les gnostiques. De ce fait, le gnostique est une sorte d'anti-responsabilité, de telle sorte que la philosophie pratique doit réfuter toute représentation dualiste.

I.1. COMPRENDRE LA GNOSE

La période de la gnose antique s'étend sur les quatre premiers siècles de l'ère chrétienne et coïncide avec la naissance d'une nouvelle foi. Cette période est caractérisée par la montée de croyances spirituelle et religieuse auxquelles se sont joints les changements politiques qui conduisirent les empires autrefois forts, à se succéder et à décliner. Jonas parle des individus qui se sentent comme « des poussières d'atomes, au sein des masses de l'empire »[13]. C'est cela qui marque le changement du rapport de l'individu au cosmos. Alors que l'ontologie classique voulait que le Tout précède les parties, qu'il soit meilleur que les parties et qu'il soit la raison de leur existence, cet axiome va perdre toute sa valeur classique. Ainsi l'individu gnostique ne va plus aspirer à agir comme une partie de ce Tout de qui il tient les raisons de son existence, mais il va se comporter comme une partie qui n'a pas besoin de ce Tout. Jonas qualifie cette attitude d'anticosmisme. Il convient de partir de sa jeunesse pour bien comprendre l'évolution de sa pensée.

Dès l'âge de dix-huit ans, H. Jonas a suivi les cours de Bultmann et de Heidegger qui l'ont ouvert à la méthode d'analyse existentiale et lui ont permis de tourner le dos à la phénoménologie husserlienne qui se focalisait sur l'idéalisme de l'ego. L'enfance philosophique de Hans Jonas commence avec le concept de gnose ; Tout jeune, après sa Dissertation[14] présentée en 1928 quelques mois après *Sein und Zeit*

---

[13] Hans JONAS, *la religion gnostique, op. cit.*, p. 429.
[14] *Der Begriff der Gnosis*

de Heidegger, il évolue dans le milieu sioniste, probablement sous l'influence de Martin Buber dont il était un lecteur fidèle. Il suit à Fribourg des séminaires de Husserl et de Heidegger avant de finir par une double formation musclée en philosophie et en théologie sous la double houlette de Heidegger pour le compte de la philosophie et de Rudolf Bultmann pour la théologie. Jonas n'a que vingt-cinq ans lorsqu'il écrit sa *Dissertation* de plus de cinq cents pages. Décidément, son passage dans le milieu sioniste et sa formation en théologie lui ont permis de lire l'Ancien et le Nouveau Testament. Connaissant bien la philosophie grecque, il constate que la Bible tout comme la philosophie platonico-aristotélicienne sont traversées par une certaine idée de dépendance entre l'homme, le monde et Dieu. En revanche, notre auteur se rend compte que les penseurs gnostiques développent une vision dualiste de la réalité qui oppose l'homme et Dieu, l'homme et le monde, mais aussi Dieu et le monde comme des pôles quasi inconciliables. Jeune chercheur et curieux de savoir, Jonas veut étudier profondément ce phénomène de la gnose pour voir s'il n'a pas d'impact sur la vision du monde. D'emblée Jonas constate que la nature de la « connaissance » (gnôsis) gnostique reste vague, « il ne spécifie pas ce qui est à connaître ; il ne précise pas non plus la manière psychologique de posséder la connaissance ou les moyens par lesquels on l'acquiert, ni l'importance subjective de cette possession »[15].

[15] Hans JONAS, *La religion gnostique, op. cit.*, p.55.

Tout commence en 1928 lorsque Hans Jonas a présenté une thèse sur la gnose à l'université de Marbourg. Il s'intéresse moins à l'évolution historico-critique de ce concept qu'à l'esprit qui le sous-tend. C'est pourquoi, il affirme que ce terme fait référence à une connaissance secrète et salvatrice des mystères qui ne s'acquiert pas de façon naturelle, mais dont la possession modifie pourtant, de façon décisive la condition de celui qui connaît[16] ; « elle modifie la condition humaine chargée d'accomplir une fonction dans la consommation du salut »[17]. Pourquoi s'intéresse-t-il autant à la gnose ? Quel enjeu a eu ce concept dans l'évolution de la société, voire dans la conception philosophique ? De prime abord, le concept de gnose en soi n'a pas d'impact sur la vie des hommes ni la vie en société, mais, comme nous venons de le souligner, la connaissance et la possession du mystère qu'il cache modifient fondamentalement la manière d'être au monde de celui qui se l'approprie. Jonas appelle cela esprit gnostique ; cet esprit qui saisit l'homme dans sa totalité (cadre ontologique) et semble déterminer son salut (cadre sotériologique) se caractérise par la « démondanisation » (*Entweltlichungstendenz*) c'est-à-dire, la tendance à la fuite hors du monde. Qu'est-ce qui serait à la base de cette « détestation » du monde ?

---

[16] Cf. Hans JONAS, *Essais philosophiques. Du credo ancien à l'homme technologique,* J. Vrin, Paris, 2013, p.332. Voir l'article « le syndrome gnostique. Typologie de sa pensée, de son imaginaire et de son humeur. Trad. Sylvie Courtine-Denamy »

[17] Hans JONAS, *La religion gnostique, op. cit.*, p. 56.

Nous y reviendrons à la fin de ce chapitre quand nous allons rapprocher Jonas et Heidegger.

Dans son *dualisme de nature acosmique* Jonas s'inscrit dans un balancement entre d'une part, la chute c'est-à-dire le bas, ou encore le monde, lieu de corruption, d'esclavage et donc du péché et d'autre part, l'ascension c'est-à-dire le haut, lieu de rédemption, de libération et de félicité. Hans Jonas constate que la gnose insiste sur la « stratification de l'univers le long d'un axe vertical, sur l'antithèse de la hauteur et de la profondeur, sur la distance entre le monde terrestre et le monde divin et sur la pluralité des mondes entre eux »[18]. De ce qui précède, il ressort que pour Jonas, le dualisme a un double aspect. D'une part le dualisme entre Dieu et le monde, d'autre part, le dualisme entre l'homme et le monde, dérivé du premier dualisme. Parfois pour qualifier ce double aspect du dualisme, Hans Jonas préfère parler d'une configuration à trois termes dont « l'homme et Dieu sont tous deux par essence situés au-dessus du monde auquel ils s'opposent » et en même temps ils sont en fait « séparés par le monde qui, d'après la conception gnostique, représente le tiers, source d'aliénation et de division »[19]. Cette position de surplomb reconnue à Dieu et à l'homme par rapport à la terre explique bien la méfiance et la haine du monde dans la doctrine gnostique. Étant donné le balancement entre Dieu et le monde, nous pouvons nous demander quelle est sa

[18] *Ibid.*, p. 339.
[19] *Ibid.*, p.342.

conception de Dieu et comment la gnose explique-t-elle le dualisme entre Dieu et le monde ?

Dans un article paru dans la *Revue phénoménologique ALTER*,[20] Robert Theis[21] présente de façon succincte, la conception gnostique de Dieu et son dualisme Dieu/monde. Au début il écrit que dans la doctrine gnostique, « Dieu est considéré comme absolument transcendant et étranger au monde. »[22] D'ailleurs, le monde par rapport à Dieu est une véritable antithèse puisque la gnose proclame un « Dieu inconnu et nouveau ». Ce Dieu- pas à la portée du monde- est ontologiquement parfait, il ne peut pas être le Dieu du monde contingent ni son créateur. Le démiurge, ce dieu connu qui pourrait ne pas être bon[23], et qui, dans la conception gnostique, est une déchéance par rapport au Dieu inconnu et étranger, peut être le créateur de ce monde où le dieu connu se fait reconnaître dans et à travers sa création. Robert Théis pense que la gnose, pour exprimer l'idée d'inconnaissabilité de Dieu, recourt aux prédicats traditionnels de la théologie négative en énonçant : « l'a-mondanité voire l'anti-mondanité de Dieu »[24]. C'est cela que Hans Jonas appelle « la négation du monde », « le pessimisme cosmique » ou encore « le nihilisme cosmique » qui éloignent le divin de tout

---

[20] N° 22/2014 consacré à Hans Jonas.

[21] « Hans Jonas et la question de la destination de l'homme », pp. 29-46.

[22] Robert THEIS, *art. cit.*, p. 31.

[23] Rémi BRAGUE, *La Sagesse du monde. Histoire de l'expérience humaine de l'univers*, Paris, Fayard, 1999, p.94.

[24] *Robert THEIS, art. cit.*, p.31.

lien intramondain. Il l'exprime des points de vue topologique, ontologique et épistémologique. Ainsi écrit-il, « du point de vue topologique, Dieu est transmondain, il demeure dans son propre royaume hors de l'univers physique, à une distance incommensurable du séjour terrestre de l'homme ; d'un point de vue ontologique il est acosmique et même anti-cosmique : par rapport à ce "monde-ci" et à tout ce qui en relève, il est essentiellement l'"autre" et l'"étranger", il est la "vie étrangère" également qualifiée de "profondeur" ou d'"abîme", voire de "non-étant" ; d'un point de vue épistémologique [...] il est naturellement inconnu, ineffable ; défiant toute prédication, échappant à toute compréhension, il est strictement inconnaissable »[25]. Pour nous les riverains, l'étranger c'est celui qui vient d'autre part et qui n'est pas d'ici, c'est l'inhabituel, voire l'incompréhensible. Alors qu'il soit prêt à endurer le sort d'immigré. Il ne sera pas protégé parce qu'on ne le comprend pas et lui-même ne nous comprend pas. L'angoisse et le mal du pays ne tarderont pas de s'emparer de ce « hors-venu ». S'il apprend trop bien les mœurs locales jusqu'à devenir « fils de la maison », il oubliera qu'il n'est pas d'ici et de toute évidence, il sera étranger à sa propre origine, « en tout cela, l'étrangeté demeure souffrance »[26] quand elle n'est pas une aliénation de soi-même. Pour

[25] Hans JONAS, *Essais philosophiques. Du credo ancien à l'homme technologique, op. cit.*, pp. 342-343. Dans la doctrine marcioniste qu'évoque Jonas, le Dieu étranger peut aussi être appelé : « l'Étranger », « l'Autre », « l'Inconnu », « l'Innomé », « le caché » ou le « Père inconnu » (cf. *La religion gnostique,* p. 72)

[26] Hans JONAS, *La religion gnostique*, *op. cit.*, p. 73.

reprendre l'idée du Dieu étranger, si ce dernier se caractérise par sa « hors-mondanité », son anti-cosmisme et son étrangeté vis-à-vis du monde, c'est que le monde est détestable puisqu'il ne peut pas constituer une demeure pour lui. Si le monde tel que nous le voyons est haïssable, qui en est l'auteur, de qui est-il créature ?

Jonas est frappé par le fait que, dans la pensée gnostique, le monde est l'œuvre de puissances inférieures, dont les archontes, le démiurge ou le dieu du monde. Ces « divinités » ignorent le vrai Dieu et empêchent toute connaissance de remonter jusqu'à lui. C'est leur règne, dit-il, qui empêche l'esprit de retourner, après la mort jusqu'à Dieu. Parler de Dieu, c'est aussi se demander quelle est la place de l'homme dans la doctrine dualiste ! C'est ainsi que dans le mythe gnostique, l'homme est un être mélangé en tant qu'il est composé du corps (soma), de l'âme (psychè) et de l'esprit (pneuma). De ce fait, l'homme représente en lui-même le paradigme du dualisme dont la gnose reste l'expression la plus parfaite. En effet, le corps et l'âme dans l'homme relèvent des archontes, ces dieux du monde ; tandis que l'esprit vient d'ailleurs. Il est le reflet qui vient de loin, de la vie étrangère et donc de la substance divine en tant qu'étrangère au monde. On pourrait se demander alors pourquoi les archontes ont créé l'homme ? L'auteur de la gnose constate qu'il a été précisément créé dans le but de prendre en otage la particule divine qui cherche à s'échapper de la prison que représentent le corps et le monde ; afin de rejoindre sa vraie patrie. Ainsi conçue, la gnose s'assigne une mission rédemptrice dont la finalité est de sauver l'homme. Cette pseudo-sotériologie se fait sur fond du dénigrement de la terre. D'où le fameux slogan repris par Jonas : « *Fiat justitia, pereat mondus* », que la justice soit faite même si le monde doit en périr[27]. Constatons qu'une justice qui s'opérerait au prix d'un arraisonnement du monde, mettrait peut-être l'esprit à l'abri en l'aidant à rejoindre sa vraie patrie ; mais en même temps, elle menacerait de péril le corps et l'âme. Comme l'homme est un tout harmonieux, ne serait-il pas plus intéressant de le sécuriser plutôt, puisque mettre le genre humain à l'abri du danger c'est aussi sécuriser toutes ses composantes. On arriverait à biffer la notion d'étranger pour la remplacer par celle d'« habitant » ou de « demeurant ».

Ce concept d'étranger (*das Fremde*) à l'origine de la gnose, désigne la transcendance absolue de Dieu qui le sépare radicalement du monde. Il tient son être du fait que « son séjour est "par-delà", "au-dessus du monde", "dans les mondes de lumière", "dans les fruits de splendeur", "dans le parvis des lumières", "dans la demeure de perfection" »[28]. Par un mouvement descendant, l'esprit qui vient d'au-delà descend dans l'homme qui vit au monde. Il devient une vie étrangère et les conséquences d'étrangeté s'abattent sur lui : « la solitude, la fragilité, l'incompréhension, l'angoisse »[29]. Une fois dans ce

---

[27] Hans JONAS, *Essais philosophiques. Du credo ancien à l'homme technologique, op. cit*, p. 35.

[28] Hans JONAS, *la religion gnostique, op. cit.*, p.74.

[29] Robert THEIS, *op. cit.*, p. 32.

monde déchu et dévalué (*Verfallenheit)*, il commence à errer si bien que Jonas applique pour ce fait le concept heideggérien de « l'être-au monde angoissé et errant » *(Geworfenheit*). Toutefois, cet être s'assigne la tâche de rassembler les étincelles de lumière dispersées et de restaurer l'unité de l'Être originaire. Cela n'est pas sans incidences éthiques. L*'homme pneumatique*, cet être mélangé, même s'il est dans le monde, il n'habite pas chez lui, il est en exil (*Unheimlichkeit*). Cela fait que son éthique soit acosmique puisqu'il méprise le monde où il est tenu captif et se révolte contre lui. En revanche, comme cet être hybride est « au-delà du bien et du mal », en vertu de sa liberté et sa nature, il demeure inaffecté par ce qu'il y a d'étranger en lui. C'est pourquoi il n'a pas d'obligation à l'égard du monde, encore moins à l'égard du créateur du monde (démiurge). Il est un « être dont le fait de se savoir étranger dans le monde a comme corrélat, une attitude de détachement et donc aussi de non-responsabilité »[30]. Son indifférence à l'égard du monde, sa dé-implication éthique ancrée dans un acosmisme ontologique peuvent être qualifiés d'après Jonas de nihilisme cosmique ou encore de nihilisme éthique. Cette attitude ne rend pas compte de la véritable essence de l'être de l'homme ni de l'être du monde qui pourtant, étaient bien définies dans la conception gréco-latine du cosmos. Quelle serait l'origine de la gnose ? Pour Jonas, « le gnosticisme est un produit du syncrétisme (qui aurait) des origines helléniques, babyloniennes, égyptiennes

[30] *Ibid.*, p. 33

et iraniennes, ainsi que toutes les combinaisons possibles de ces antécédents avec les éléments juifs et chrétiens »[31]. Nous ne nous limiterons qu'à analyser les (probables) origines helléniques et chrétiennes de la gnose.

I.2. PHILOSOPHIE GRECQUE ET UNITÉ HARMONIEUSE DU COSMOS[32]

Hans Jonas a pris en considération des périls qui menacent l'existence de l'homme moderne, c'est pourquoi il prend soin de préconiser des remèdes adaptés à la préservation d'un espace de vie, dans lequel l'homme puisse continuer à réaliser son existence, dans ce qu'elle a de plus authentique, et donc de plus humain. Il s'inquiète en voyant l'influence fulgurante que la technique exerce sur nos modes de vie. C'est pourquoi, au cœur de sa philosophie pratique, il stigmatise la technique actuelle qui désormais est globale et dynamique alors que l'usage technique des anciens se voulait « limité dans l'espace aussi bien que dans le temps ». Ses effets n'affectaient pas la nature dans sa globalité, ils se limitaient à l'environnement proche. Alors que chez les anciens, le but d'une existence se limitait à l'acquisition d'un savoir-faire, Jonas s'inquiète de constater que les dommages de la technique actuelle peuvent désormais non seulement engager l'ensemble de la planète, mais aussi sa dynamique qui est en

---

[31] Hans JONAS, *la religion gnostique, op. cit.*, p.54.

[32] Nous renvoyons au chapitre X de H. JONAS, *la religion gnostique*, pp.315-345.

perpétuel dépassement. Cette course à l'infini, cette mobilisation infinie de la nature et ses ressources est une trahison de la philosophie grecque et sa vision du monde dont l'harmonie est au centre.

C'est au premier chapitre du *Principe responsabilité* que Hans Jonas fait appel à l'exemple des anciens qui se sont créés un espace à la fois circoncis et rempli, de la cité des hommes. Les Grecs avaient déjà l'art ingénieux de plier les circonstances à leur vouloir et à leur besoin, mais c'était toujours à l'intérieur d'une cité limitée et réduite qui ne touchait ni n'altérait la nature des choses. En effet, l'intervention de l'homme dans la nature se limitait à l'espace propre. C'est pourquoi il ne pouvait perturber l'ensemble du cosmos qui, par ailleurs, se caractérisait par l'invulnérabilité, l'immutabilité et l'ordre. La vie de l'homme se déroulait entre ce qui demeure et ce qui change. Ce qui demeure c'est la nature, et donc le cosmos dans son ensemble et ce qui change ce sont les propres œuvres de l'homme, son artefact. Le gros de ses œuvres se limitait à la cité à laquelle il avait donné une certaine permanence, parfois sans se demander si celle-ci serait à court, à moyen ou à long terme. D'où la question, l'homme avait-il une responsabilité et si oui, de quelle nature était-elle ?

En se construisant une citadelle qui limite sa zone d'influence et qui comprend les seules choses confiées à ses soins, il marque un domaine unique et complet de sa responsabilité. La nature étant trop vaste pour lui, elle ne pourrait pas faire l'objet de sa responsabilité. La nature était tellement ordonnée et organisée que, non seulement elle se prenait en charge et prenait soin d'elle-même, mais aussi elle prenait soin de l'homme. À l'égard de cette « mère-pourvoyeuse » qu'était la nature, l'homme n'avait aucune éthique à déployer d'autant plus qu'il en était sous-tutelle plus qu'il n'en était responsable. En revanche, dans son monde d'artefact (la cité), il lui fallait faire preuve d'intelligence et de capacité d'inventivité couplée d'éthique. Ce monde de l'antiquité dont le modernisme s'est éloigné et que Jonas prend le soin de décrire est celui des Grecs. C'est le monde de Platon et Aristote. À l'origine de leurs réflexions il y a quelques questions : le monde est-il un processus qui s'accomplit de lui-même sans cause extérieure, ou bien un dessein intelligent y est-il à l'œuvre ? Contrairement à la gnose dont la conception dualiste du monde aboutit au nihilisme cosmique, chez les Grecs, la nature est considérée comme un tout. C'est ainsi que dans les théogonies d'Hésiode, on présente le récit de la formation du monde comme « un ordre linéaire et nécessaire » qui, progressivement, passe de la *cosmogonie* à l'*anthropogonie* (récit de formation de l'humanité) puis à la *politogonie* (formation de la cité)[33]. Dans les pages qui vont suivre, nous donnerons la vision platonicienne et aristotélicienne de l'évolution et de la formation du cosmos ; une façon de dire qu'on ne peut, objectivement parlant, soutenir qu'ils seraient à

[33] Catherine et Raphaël LARRÈRE, *Du bon usage de la nature. Pour une philosophie de l'environnement*, éd. Flammarion, Paris, 2009, p. 27. (C'est nous qui soulignons)

l'origine de la théorie gnostique, même si leurs pensées s'y prêtent, un tant soit peu.

I.2.1. Platon et le monde comme ordre géométrique[34]

Platon dans *Gorgias* engage un dialogue entre Calliclès et Socrate. Contre le naturalisme immoral de Calliclès qui exalte les forts au mépris de la justice, Socrate répond : « Certains sages disent, Calliclès, que le ciel, la terre, les dieux et les hommes forment ensemble une communauté, qu'ils sont liés par l'amitié, l'amour et l'ordre, le respect de la tempérance et le sens de la justice. C'est pourquoi le tout du monde, ces sages mon camarade, l'appellent cosmos ou ordre du monde et non pas désordre ou dérèglement »[35]. Dans cette critique du naturalisme immoral et nihiliste commun à la gnose et aux sophistes, Platon donne sa conception du cosmos, il est un tout ordonné. Cet ordonnancement diverge du dérèglement et du désordre qui ne résulteraient que de l'immonde. Les mythologies anciennes dont les Grecs sont héritiers étaient chargées d'inscrire l'ordre humain dans l'ordre cosmique en faisant se succéder la formation de l'univers, des hommes et des cités. Ce que Socrate dans sa réponse à Calliclès laisse entrevoir, c'est de rappeler la primauté de la nature et donc du cosmos par rapport aux règles de vie. C'est pourquoi les règles de la vie humaine, loin d'être abandonnées au seul arbitraire de l'homme qui dans la

---

[34] Cf. Hans JONAS, *la religion gnostique, op. cit.*, pp.65-70.
[35] PLATON, *Gorgias* (trad. M. Canto), 507e-508a.

conception gnostique, est au-delà du bien et du mal ; ces règles doivent être observées conformément à l'ordre du monde. « Imiter l'univers »[36], tel est le mot d'ordre des Grecs, celui d'une politique « vraiment conforme à la nature ».[37]

Dans le *Timée*, c'est le « démiurge » qui donne sa forme au monde. Et le monde est au centre de l'univers. Pour Platon, la *technè* est un acte intelligent orienté vers une fin. Il y a lieu de reconnaître à Platon une analogie entre activité technique et production naturelle qui jouera un rôle non des moindres dans la doctrine judéo-chrétienne de la création. Dieu dans la théologie chrétienne du moyen-âge n'est pas étranger au monde. Il le connaît puisque c'est lui qui l'a fait. En revanche, contrairement à la théologie médiévale, le démiurge platonicien n'est pas tout-puissant, il crée, mais sa création n'est pas ex nihilo. C'est à partir du chaos préexistant, matière primitive dont les mouvements vont dans tous les sens que le démiurge crée en mettant de l'ordre et de l'harmonie. La production intelligente s'insère dans la causalité mécanique. Le démiurge de Platon ne fait pas tout et n'importe quoi, il ne fait pas ce qu'il veut. Il obtient le meilleur résultat possible d'autant plus que le mélange de l'intellect et de la nécessité, expliquent la naissance du monde. En même temps, le démiurge modèle le monde en des images qu'il rapproche de la perfection intellectuelle : « les astres et le temps de leur rotation,

[36] ID., *Timée*, 88b-89d.
[37] ID., *Politique*, 308d.

image mobile de l'éternité »[38] puis par paliers, les corps sensibles, soumis à la génération et à la corruption. Platon distingue entre les corps automoteurs comme l'âme qui seuls peuvent être des principes et ceux qui sont mus par autre chose. Ce qui est premier c'est l'âme du monde, immortelle et incorruptible. Le principe automoteur (âme) a sa manifestation dans le vivant ; C'est pourquoi il entrevoit l'univers comme un grand vivant. Ce dernier n'a pas besoin de membres pour se mouvoir parce qu'il se suffit à lui-même et s'enferme sur lui-même, si bien qu'il ne saurait être menacé ni attaqué de l'extérieur.[39] L'ordre du monde dépend de la capacité de l'intellect à gouverner. Celui-ci (monde) est avant tout ordre géométrique : proportion, harmonie, régularité des formes.[40] Platon rajoute une cause finale aux causes mécaniques pour dire que le monde a une structure mathématique. Il admet que les corps célestes se meuvent dans un mouvement circulaire, uniforme et constamment régulier, il veut ensuite par les mathématiques « sauver les apparences » dues à des irrégularités que révèle l'observation empirique des planètes.

Alors que pour la gnose, l'homme cosmique est la mesure de toute chose, pour Platon ce n'est pas le cas. Il écarte la nature pour élever les dieux au rang de la mesure de toutes choses ; se situant dans une continuité pythagoricienne avec cette différence que

---

[38] PLATON, *Timée* 37d.

[39] ID., *Timée* 33b-c.

[40] Catherine et Raphaël LARRÈRE, *op. cit.*, p. 38.

le monde platonicien est géométrique alors que celui de Pythagore est gouverné par le nombre (arithmétique). On pourrait reprocher à Platon de séparer la rationalité pratique de la rationalité théorique. Comme le constate le couple Larrère, sur le plan politique, quand il faut imiter la nature, la cosmologie platonicienne conduit à « la dictature des savants » puisqu'elle impose l'application d'une raison théorique sans laisser (de) place pour une rationalité pratique distincte, apte à connaître les affaires humaines et relevant de la délibération »[41].

I.2.3. Aristote et le monde finalisé

Pour Aristote, le monde n'a pas eu de commencement c'est pourquoi tout récit d'engendrement du monde ne peut qu'être inutile. S'interrogeant toutefois sur la manière dont chaque chose vient à l'être, Aristote préfère la connaissance par la définition, c'est-à-dire que la « chose vient à l'être par la manière dont elle est »[42]. Son appréhension est sous-tendue par un finalisme aigu. Si la fin est une forme présente dès le début, on la considère comme une essence. Aux yeux d'Aristote, la nature est avant tout « science des étants auto-mobiles » en tant que substance des choses qui possèdent en elles-mêmes leur principe de mouvement[43]. La physique comprend les « causes premières de la nature et du mouvement naturel dans

[41] *Ibid.*, p.40.
[42] ARISTOTE, *Partie des animaux livre I* (trad. J. M. Le Blond), GF-Flammarion, 1995, 640a10.
[43] Catherine et Raphaël LARRÈRE, *op. cit.*, p.41.

son ensemble » par après « le mouvement ordonné des corps célestes de la région supérieure », puis les « éléments corporels, leur nombre, leurs propriétés, leurs transformations les uns dans les autres » ainsi que « la génération et la corruption en général ». Aristote n'oublie pas les phénomènes atmosphériques liés à la météorologie (pluies, grêles, arcs-en-ciel) et les mouvements hydrauliques comme les marées, mers et cours d'eau. L'univers aristotélicien n'est pas engendré comme nous l'avons déjà dit, il est clos, fini et éternel. Les corps célestes sont mus par un mouvement éternel de translation circulaire. L'harmonie et la cohérence de la nature dépendent d'une surnature. Et comme la nature ne peut pas d'elle-même produire sa propre perfection, le cosmos qui tend vers elle est mû par le désir d'excellence du premier moteur. Alors que la finalité chez Platon se manifeste par la présence d'un dessein intelligent dans le monde, elle manifeste chez Aristote, « la tension vers l'excellence, ou la perfection d'une nature qui ne peut la produire complètement. »[44] Ce qui est vrai pour les régions supérieures du monde, l'est aussi pour le monde sublunaire exposé à la naissance et à la corruption. La nature tend vers la régularité dans le monde sublunaire, mais elle se heurte à des obstacles de la matière. Aristote reconnaît qu'il y a des déviations, des ratés, voire des monstres. Toutefois, une régularité se réalise dans « la permanence des formes biologiques, à travers la succession des individus (qui) imite les mouvements éternels des

[44] *ID.*, p.42.

astres célestes »[45]. Cela étant, une fois né, un individu doit en créer un semblable pour « participer à l'éternel et au divin autant que possible »[46]. Aristote a donné un statut particulier aux individus surtout lorsqu'il distingue les causes formelles et les causes finales. Tout individu dit-il, est automoteur et poursuit son bien propre, c'est une théonomie en acte : « ainsi l'animal est-il un organisme qui se nourrit et se régule lui-même avant d'être un organisme qui est nourri par son milieu ». C'est l'autonomie du vivant.[47]

L'individu est bien la substance dernière et non un quelconque exemple d'une forme. Toute forme présente en tout processus, s'appréhende qualitativement, par la fonction qu'elle remplit. Chaque animal a une taille qui lui est propre. C'est pour cela qu'on ne peut pas à l'instar d'une figure géométrique, en faire varier les dimensions sans en altérer les propriétés. Dans les œuvres de la nature règne non pas le hasard, mais la finalité. Or la finalité qui régit la constitution ou la production d'un être, est précisément ce qui donne lieu à la beauté. Aristote appelle cela, « la capacité de donner à voir le monde dans lequel nous vivrons »[48]. Il faut une intervention humaine dans la nature pour que celle-ci produise de bonnes formes. Cette intervention ne doit pas être sans limites ni arbitraire. Il y a une marge de liberté à l'action propre des hommes, à leur capacité collective ou individuelle, d'élaborer de normes, sans qu'il soit

---

[45] *Ibid.*
[46] *ID.*, *De l'âme II*, 415a 29.
[47] *ID.*, *Partie des animaux*, *op. cit.*, p. 17.
[48] ID., *Partie des animaux,* I, V, 645a 21-27.

fait recours à la nature. Car, « si les vertus se trouvent en nous, ce n'est pas ni par nature ni contre nature. Leur présence s'explique au contraire par le fait que, naturellement aptes à les recevoir, nous parvenons à leur plein épanouissement par l'habitude. »[49]

La politique fait appel à la prudence, qui est la capacité de discerner le moment opportun, dans le monde où nous sommes pour arriver à prendre la bonne décision. Elle n'est pas à chercher dans le ciel, il n'est jamais question de fuir le monde, elle est à rechercher et à réaliser dans la cité. Rappelons que chez Platon et Aristote, l'excellence morale ne peut être atteinte que dans la cité. L'animal politique est dès lors censé être un être moral, car parmi tous les autres animaux, seuls les hommes ont le langage et « la perception du bien, du mal, du juste et de l'injuste », seulement eux peuvent vivre dans la cité. Par conséquent, vivre naturellement hors de la cité convient aux êtres dégradés ou aux êtres divins.[50]

Quand Aristote se réfère au concept du « bon usage », il entend se donner les moyens pour le démontrer en se fondant sur l'observation de la nature. La nature, dit-il, réalise qualitativement ses fins, « elle fait une chose pour un seul bon usage ; car chaque instrument accomplira aux mieux sa tâche s'il sert, non à plusieurs fonctions, mais à une seule.[51] Réaliser le bon usage c'est arriver à trouver en toute chose la vertu propre qui lui permet d'atteindre sa fin.

---

[49] ID., *Éthique à Nicomaque II*, 1103a23.
[50] ID., *Les politiques*, I, 2, 1253a 5.
[51] *Ibid.*, 1252ab 4.

La nature aristotélicienne est fortement anthropocentrée en ce sens que la finalité naturelle de la substance culmine en l'homme. Les plantes existent pour les animaux, et les animaux pour l'homme, les animaux domestiques pour le travail qu'il en tire et la nourriture, les animaux sauvages pour sa nourriture pour d'autres secours, puisqu'il en tire vêtements et autres instruments. La nature ne fait rien d'inachevé ni rien en vain ; Tout ce qu'elle fait, elle le fait pour les hommes[52]. Une telle vision a des répercussions parfois néfastes sur la conception du monde. Ce qui est vrai ne le sera dans la plupart des cas, que puisque la norme ou l'idéal a été posé par les animaux supérieurs (hommes). La hiérarchie se répercute à l'intérieur de l'humanité : l'homme se considère supérieur sur la femme, le Grec sur le barbare, l'homme libre sur l'esclave, le blanc sur le noir, etc. Une telle discrimination incapable de saisir l'unité du genre humain ne permet pas de placer l'homme dans son milieu naturel et les interactions qui en découlent, celles synthétisées par la règle du bon usage.

[52] Cf. ARISTOTE, *Les politiques*, I, 8, 1256b17-22.

I.3. PENSÉE CHRÉTIENNE ET UNITÉ HUMANO-DIVINE

> *N'aimez pas le monde ni ce qui est dans le monde ; si quelqu'un aime le monde, l'amour du Père n'est point en lui. En effet, tout ce qui est dans le monde, la convoitise de la chair, la convoitise des yeux et l'orgueil de la vie, ne vient pas du Père, mais du monde (Première épître de Jean II, 15-16)*[53].

L'auteur de *Principe responsabilité* a eu une formation théologique avec Rudolf Bultmann. Dans ses premières recherches consacrées aux phénomènes de la gnose, il se demande s'il n'y a pas de références gnostiques dans le christianisme qui pourraient avoir favorisé le développement du dualisme gnostique. Nous allons dans les pages suivantes, analyser le rapport entre Dieu, l'homme et la nature dans le monde chrétien ; cette démonstration nous conduira à une conclusion selon laquelle, chercher le fondement gnostique dans la Bible ne peut relever que d'une interprétation subjective et partisane des saintes Écritures. Même si l'homme occupe une place de choix dans la nature, son positionnement lui donne plus de devoirs que de droits, en ce sens qu'il n'est que gestionnaire. Il ne peut pour cela surexploiter la

---

[53] *Y a-t-il en nous deux esprits de deux natures différentes, l'une bonne et l'autre mauvaise ? Les trois propensions « la convoitise des yeux, la convoitise de la chair et l'orgueil de la vie » sont décrites par Saint Augustin comme des grandes catégories de la « tentation » générale exercée par le monde ; Saint Augustin conclut que lorsque la considération d'un bonheur qui est éternel élève nos esprits vers le ciel, et que le plaisir d'un bien passager les rabaisse vers la terre, ce n'est qu'une même âme qui veut l'un des deux ; mais qui ne le veut pas d'une volonté pleine et entière. D'où le déchirement des plaisirs qui l'habite* (Cf. *Confessions*, livre X).

nature en oubliant qu'il l'a en commun avec toutes les autres créatures. Quel est le statut de la nature dans le monde chrétien ?

Avec la tradition biblique, la nature c'est-à-dire ce qui s'oppose à la convention ou à l'artefact sera dévalorisée comparativement à la place qu'elle occupait dans l'Antiquité. La nature ne sera plus considérée comme un cosmos dont l'éternité est la caractéristique principale. Dans le monde de la Bible, la nature n'est plus engendrée comme ce fut le cas chez les Grecs, elle est créée. Le livre de la Genèse par exemple se livre à un exercice cosmogénétique. Il s'est construit sur un arrière-fond platonicien pour qui le cosmos est l'œuvre de création du démiurge. Cependant, à l'ère chrétienne, la place du démiurge sera occupée par un Dieu tout-puissant[54]. Désormais Dieu va créer le monde comme bon lui semble si bien que « pour un chrétien, quelque chose peut naître de rien »[55].

En tant que chose créée par Dieu, la nature est contingente, elle aurait pu ne pas être tout comme elle pourrait cesser d'être un jour. On pourrait dire que par son bon vouloir, Dieu a jeté la nature dans l'être et il pourrait l'en arracher au dernier jour à l'exemple d'un grand ornement qui n'est là que puisque son artiste le veut. Pour certains penseurs, « la nature est une idole que le christianisme renverse, ils en font une chose dans les mains de Dieu, une chose périssable et source

---

[54] Désormais, il n'y a plus séparation entre l'artisan, son modèle et un chaos désordonné d'où le créateur ferait l'ordre.

[55] Cf. Saint AUGUSTIN, *Les confessions*, livre XII, chap. VIII.

de corruption »[56]. Si la nature relève de Dieu, elle implique aussi l'homme qui se verra confier une responsabilité. Quel sera alors le rapport de l'homme à la nature ? Créé à l'image de Dieu, tout laisse croire que cet être humain était coupé de la nature. Il n'appartient pas au règne de la nature. Cette vision ne va pas sans implications concrètes ; l'homme ne doit pas chercher ses normes dans la nature. Il peut lui dicter ses normes, mais il ne peut pas y chercher ses normes. Comme son règne n'est pas de ce monde, quelle est son origine ? Dans cette conception qui exalte l'homme plus qu'elle ne l'accable sous la réalité du péché et la menace de la damnation, l'homme appartient au règne de la grâce. Et comme la grâce couvre tout, l'homme peut se livrer à la surexploitation éhontée de la nature, tout en espérant se sauver par la grâce.

Toutefois, même si l'homme devrait appartenir au règne de la grâce, il doit se rappeler que celle-ci a un prix, elle coûte cher comme le théologien protestant D. Bonhoeffer l'a si bien démontré : « La grâce à bon marché est l'ennemie mortelle de notre (monde) [...] la grâce à bon marché, c'est la grâce considérée comme une marchandise à liquider, le pardon au rabais, la consolation au rabais, le sacrement au rabais ; la grâce servant de magasin intarissable à la [société], où des mains inconsidérées puisent pour distribuer sans hésitation ni limite ; la grâce non tarifée, la grâce qui ne coûte rien. Car on se dit que, selon la nature même de la grâce, la facture est

---

[56] Catherine et Raphaël LARRÈRE, *op. cit.*, p. 57.

d'avance et définitivement réglée. Et sur la foi de cette facture acquittée, on peut tout avoir gratuitement. […] La grâce à bon marché c'est la grâce que n'accompagne pas l'obéissance, la grâce sans la croix, la grâce abstraction faite à Jésus-Christ vivant et incarné […] La grâce coûte parce qu'elle appelle à l'obéissance, une obéissance à Jésus-Christ ; elle coûte parce qu'elle est pour l'homme au prix de sa vie ; elle est grâce parce qu'elle fait à l'homme cadeau de la vie ; elle coûte parce qu'elle condamne les péchés, elle est grâce parce qu'elle justifie le pécheur. La grâce coûte cher d'abord parce qu'elle a coûté cher à Dieu, parce qu'elle a coûté à Dieu la vie de son fils. Ce qui coûte cher à Dieu ne peut être bon marché pour nous […] »[57] Si le règne de la grâce met la vie de l'homme et de ses semblables cocréatures en jeu, s'il a coûté très cher à Dieu c'est que l'homme doit considérer le cosmos comme une croix à porter. Il n'a pas droit à l'erreur puisque son faux pas relèverait de l'irréparable. C'est à ce ton que le pape François[58] avertit tout homme avisé, avant qu'il ne soit trop tard : « Il faut respecter la nature, car elle ne pardonne pas lorsqu'elle est maltraitée […] Dieu pardonne toujours, nous pardonnons parfois, la nature- la création- ne pardonne jamais quand elle est

[57] Dietrich BONHOEFFER, *Le prix de la grâce*, Paris, éd. cerf/labor et Fides, 1985, pp. 19-21.

[58] Cf. Andrea TORNIELLI et Giacomo GALEAZZI, *Le pape François. Cette économie qui tue. Le pape dénonce*, Paris, Bayard, 2015, pp. 171-173.

maltraitée »[59]. C'est pourquoi l'homme ne peut pas dégrader la nature en prétendant s'inscrire dans la ligne voulue par les saintes Écritures ou la doctrine chrétienne.

La structure du christianisme qui met l'homme en relation directe avec Dieu, hors de la nature, porte les germes d'une révolution et prépare la possibilité qu'un jour l'homme s'octroie la place de Dieu. Hans Jonas qui connaît bien le judaïsme et le christianisme voit dans la Bible un terreau favorable au développement de la gnose. On se rend compte, dit-il que la doctrine biblique a opposé la contingence à la nécessité, la particularité à l'universalité, la volonté à l'intellect. Elle a en même temps assuré une place au contingent en philosophie. Il ajoute que, suite à l'impact de la sainte vérité c'est-à-dire de l'Écriture sur la philosophie dite païenne (puisqu'elle supposait que le monde est à l'image de Dieu), la sainte vérité va démontrer que le monde n'est qu'ouvrage de Dieu et non son image. Voilà ce qui, aux yeux de Jonas a conduit à la « sujétion de la nature par l'homme »[60]. Tout ce que la sainte vérité nous a apporté par la voix des prophètes s'exclame Jonas, c'était qu'« aucune partie dans le monde n'est divine, et toutes ses parties, à la seule exception de l'homme, sont au même degré différentes de leur auteur »[61]. Et comme si cela ne

---

[59] *Adresse du pape François aux membres du corps diplomatique accrédités près le Saint-Siège le 13 janvier 2014 dans la salle Royale du palais apostolique.*

[60] Hans JONAS, *Essais philosophiques. Du credo ancien à l'homme technologique*, p. 56.

[61] *Ibid.*, p. 57.

suffisait pas, cette égalité entre les différentes parties du monde, à l'exception de l'homme, sera radicalisée par le concept « ex nihilo », supprimant pour ainsi dire, toute idée de gradation naturelle vers Dieu et par conséquent toute idée de hiérarchie cosmique[62]. Si tout est hors de Dieu dans le monde et que seul l'homme est en lien avec Dieu, le monde est donc d'après une interprétation du livre de la Genèse, à portée de mains si bien que l'homme peut lui imprimer une hiérarchie et une gradation dans l'arbitraire total. Ceci nous met en place une nature dépouillée de tout mystère, de tout enchantement, celle dont on peut disposer et qu'on peut manipuler à sa guise. Cette conception issue d'une « interprétation » du christianisme veut, comme dirait Descartes, « nous rendre comme maîtres et possesseurs de la nature »[63]. Cette interprétation, est-elle celle de l'Église ? Que nous dit-elle au sujet de la création ?

Le principal objectif derrière la phrase « soumettez la nature » (Gn 1,28) n'est pas la domination, mais la conservation de la vie. Dans le contexte de l'époque, toute la création est en harmonie avec la vie. Cette harmonie pourrait se continuer non par l'instrumentalisation, mais par l'intermédiaire de corps entre l'homme et la nature. Être possesseur ne signifie pas nécessairement être propriétaire. Ce dernier (possesseur) n'est qu'un détenteur provisoire d'un bien dont il faudra rendre compte et qu'il doit

---

[62] *Idem*
[63] Cf. *Sixième partie du Discours de la méthode.*

transmettre aux autres. Au-delà des élucubrations théologico-philosophiques, se dire « possesseur de la nature », c'est s'inscrire dans la continuité d'une lecture non idéologisée de la Genèse, selon laquelle Dieu ayant donné en commun à l'humanité la terre et tout ce qu'elle contient, il appartient aux hommes, non d'en disposer arbitrairement, mais d'en faire bon usage. La vision la plus reconnue et partagée par nombreux philosophes chrétiens est celle du primat de l'usage qui fait de l'homme non pas ce « dominateur-exploiteur-irresponsable », mais un gérant, voire un intendant dont les mauvaises actions peuvent porter préjudice à la vie de toute l'humanité. La place qu'occupe l'homme est certes centrale, mais si cette centralité lui donne des droits, elle ne lui donne pas moins de devoirs.

En somme, nous pouvons récapituler la théorie de la gnose dans la pensée de Jonas en cinq thèses[64]. La première est d'ordre théologique et dualiste. Elle stipule que l'homme vit dans un monde, un cosmos séparé du royaume divin. Ce cosmos représente les ténèbres et est gouverné non pas par Dieu, mais par des archontes (puissances inférieures) dont les intentions sont mauvaises. La deuxième est d'ordre cosmologique. Elle considère le monde comme une vaste prison où l'homme est réduit en esclave, subissant maintes épreuves. L'analyse de Platon nous a permis d'y apporter des éléments supplémentaires.

---

[64] Cf. Zafrani AVISHAG, « Hans Jonas ou comment sortir du nihilisme de Heidegger. », *Archives de Philosophie* 3/2013 (Tome 76), p. 497-509.

La troisième est d'ordre anthropologique. Elle consiste à laisser apparaître le fragment de la substance divine dans l'esprit humain. On pense que la nature humaine contient une étincelle divine qu'il faut d'après tout, essayer de libérer par la connaissance, c'est-à-dire par la gnose. La quatrième est d'ordre eschatologique. Le moi « pneumatique » de l'homme est délivré après la mort. L'esprit libéré des ténèbres cosmologiques atteint le monde de la lumière, autrement dit Dieu. Un regroupement doit alors s'effectuer entre les esprits et Dieu. Ce regroupement voulu par la mystique de la gnose, parachève le monde de Dieu et fait reculer les ténèbres jusqu'à l'annihilation totale du cosmos. D'après cette thèse, ce monde-ci est voué à disparaître. La cinquième et dernière thèse est d'ordre moral. Elle prétend que le monde est gouverné par des forces inférieures et mauvaises. D'où l'hostilité à l'égard du monde vu comme « maison de la mort »[65], une hostilité qui engendre deux attitudes possibles : soit l'ascétisme exprimant la fuite du monde, soit le libertinage. Car dans ce monde qui ne vaut rien, tout est permis, même ce qui peut le détruire rapidement. Nous avons par conséquent soit une inclination érémitique à la fuite, soit une inclination participative à la destruction. Ces thèses gnostiques, ont-elles des répondants dans la pensée de Heidegger ?

[65] Hans JONAS, *la religion gnostique, op. cit.*, p.80.

I.4. HEIDEGGER ET JONAS ENTRE GNOSTICISME ET NIHILISME

C'est dans un épilogue de son œuvre monumentale *La religion gnostique* que Jonas établit une comparaison entre gnosticisme, existentialisme et nihilisme. Quand il se met à l'étude de *Sein und Zeit*, il constate que cette œuvre s'inscrit aussi dans une période de crise de l'humanité, succédant à la chute des empires, à l'éclatement et au réveil des nationalismes. La situation était confuse ; de la dispersion du sens de l'existence, à la sécularisation brutale en passant par l'athéisme qui proclamait la « mort de Dieu », le *Sein und Zeit* ne pouvait que paraître salutaire. En effet, à en croire l'interprétation de Jonas, il s'agissait de remédier à un manque de densité ontologique, en essayant de se rapprocher ou de trouver refuge dans l'être. Dès lors, repenser une existence authentique passe nécessairement par la volonté de repenser l'être tel qu'il n'a jamais été pensé, puisque ce concept souffrirait d'après Heidegger, de sa fausse évidence ; il demeure un concept obscur qui demande de nouveaux critères d'appréhension et d'interprétation.

Afin de conjurer l'oubli de l'être, Heidegger lance l'analytique existentiale du Dasein, de l'être-là. C'est cette philosophie du *Sein und Zeit* que Jonas appelle « existentialisme ». En effet, l'existentialisme est pour lui, « une situation particulière de l'homme moderne, existence contingente, en proie à l'égarement ou à l'errance dans un monde qui n'est plus son foyer, auquel il n'est pas acclimaté »[66]. On dirait que

---

[66] *Ibid.*, p. 16.

l'homme se sent étranger dans un univers qui est différent. Privé de sa signification, le moi est comme rejeté vers lui-même. C'est à partir de l'existence qu'il doit remonter à son essence. Le *Dasein* donne accès à l'être. Jonas découvre une série des termes communs à la gnose et à Heidegger : « l'être-là », « être jeté dans le monde », « être pour la mort ».

L'hostilité décrite par la gnose implique que l'homme soit étranger dans le monde. Heidegger utilise le mot *Umheimlichkeit* pour dire que la vie de l'individu est étrangère à ce monde. La première étrangeté découle de l'incompréhension. À l'exemple d'un étranger qui ne comprend pas la langue de son pays hôte, l'homme ne comprend pas ce monde, pas plus qu'il n'est compris par celui-ci. Cette « faille » engendre l'isolement. L'homme éprouve le sentiment d'angoisse dû au fait qu'il est en danger et sans protection chez autrui. Le sentiment d'être en exil par rapport à sa propre origine amplifie une atmosphère d'angoisse et l'idée d'un espace cosmique incommensurable qui séparerait l'homme de Dieu. L'angoisse permanente transforme le cosmos tant vénéré par le monde grec en prison. D'ailleurs Jonas parle de « maison de mort »[67]où nous ne pouvons séjourner que comme des étrangers. Ensuite, Jonas découvre que dans la gnose, le terme « être jeté » peut être associé au terme *Geworfenheit* utilisé par Heidegger pour caractériser le Dasein. Il traduit le fait que l'esprit soit jeté dans ce corps et le fait que ce corps soit jeté dans ce monde. La violence de cette situation

[67] *Religion gnostique, op cit.*, p. 80.

finit par aboutir au sentiment profond de désolation, d'abandon et de torpeur[68].

Il se pourrait que Jonas ne soit pas resté fidèle à la pensée de Heidegger. En effet, contrairement à ce que pense Jonas[69], le Dasein Heideggérien ne se réduit pas à l'homme, mais il a un rapport à celui-ci. Le Dasein serait une façon de questionner, une posture selon laquelle l'être se questionne eu égard à son être[70]. Par le Dasein, Heidegger veut nous dire que nous pouvons penser l'être humain autrement que comme un étant-présent, subsistant, doté d'une intériorité à l'exemple du sujet postcartésien. Si le Dasein ne peut pas être déterminé par une essence, au nom de quoi devrions-nous distinguer en lui un corps et un esprit ? Ce que nous pouvons appeler essence du Dasein, c'est ce qu'il a à être ; Cet « avoir à être » n'est pas de l'ordre de choisir entre ceci ou cela comme c'est le cas dans la doctrine gnostique. Le Dasein est toujours, pro-jet, jeté en avant de lui-même, toujours tendu vers sa possibilité suivante d'être, ouvert pour des manières de se comprendre et se comporter parmi lesquelles il opère des choix. En choisissant il décline sa façon particulière d'être-au-monde. Le concept *In-der-welt-sein* (être-au-monde) traduit un rapport indéfectible. Il n'y a pas un monde et un sujet d'abord distincts comme c'est le cas dans la tradition gnostique. Je ne

---

[68] *Ibid.*, p. 54.

[69] « Le terme (Dasein) autant que j'en puis juger, est originairement gnostique » (Hans JONAS, *la religion gnostique, op. cit.*, p.435).

[70] « Le Dasein est chaque fois sa possibilité et ne l'« a » pas seulement à la façon dont on a simplement en sa possession un étant là-devant », cf. *Être et temps*, Gallimard, trad. Vezin, p.74.

peux décider de sortir du monde ou de m'en échapper ; quoi que je fasse puisque je suis-au-monde et j'ai à être-au-monde. Découvrir un fond gnostique dans « l'existentialisme » de Heidegger forcerait son texte à dire ce qu'il n'a pas voulu dire forcément. En plus, Jonas semble ignorer que pour Heidegger, le lieu de mon être n'est pas un corps biologique ; je ne suis pas quelque part à l'intérieur de mon corps biologique. Heidegger veut casser la subjectivité postcartésienne et kantienne. Je suis ce corps-là en mouvement et en possibilité, un corps qui témoigne de mon être au monde parmi d'autres étants. Je suis ex-istant, c'est-à-dire, toujours au-delà des déterminations que je peux énoncer à mon propre sujet. De ce fait, aucune définition n'exprimerait la réalité de l'existant. Sa réalité n'est pas localisable (au monde ou dans un corps), elle est ouverture à être, elle est tout simplement insaisissable.

Le fondement ontologique décrit par Heidegger n'est pas anhistorique non plus abstrait puisqu'il s'attache à une situation particulière et procède d'un rapport au monde particulier. Jonas veut mettre en évidence cette situation historique du Dasein (être-jeté), déjà analogue à certaines conceptions de la gnose. Jonas s'étonne que Heidegger destitue le fondement ontologique du Dasein, en voulant le réduire à une imagerie symptomatique d'une période de crise. Il s'adresse à son maître en ces termes : « Il prétend être l'explication des fondements de l'existence humaine comme telle, mais il est la philosophie d'une situation particulière »[71]. Avec cette

---

[71] Hans JONAS, *La religion gnostique*, p. 419.

comparaison, Jonas invalide l'ontologie de son maître et met en garde contre sa tendance nihiliste. Cette dimension est plus probante dans l'ontologie de Heidegger que dans la gnose antique. En effet, la gnose répond à la « triade foi-connaissance-espérance ». L'espérance est tournée vers une rédemption promise dans l'eschatologie de cette doctrine. Cette espérance peut ne pas être salutaire dans le monde-ci, mais l'homme gnostique n'est pas complètement délaissé à son propre sort. Les épreuves qu'il croise dans ce monde ont un sens d'autant plus que « (…) si nous sommes jetés dans la temporalité, nous avons une origine dans l'éternité et nous avons aussi un but. Cet arrière-plan est absent dans le nihilisme moderne »[72]. De ce fait, la situation métaphysique du nihilisme moderne est une forme de dualisme radical à l'instar de la gnose. Mais le dualisme de la gnose décrit un monde hostile, un monde en relation avec l'homme, un monde avec lequel l'homme est en lutte. Alors que le nihilisme moderne décrit un monde où il n'y a plus de relation entre l'homme et la nature, « l'homme moderne est jeté dans une nature indifférente »[73].

En confrontant la gnose à l'ontologie heideggérienne, Jonas est parvenu à circonscrire le sens existential propre aux gnostiques et de transposer son analyse à la philosophie de Heidegger. Grâce à son analyse historique de la gnose et critique de l'ontologie moderne, il est arrivé à définir le nihilisme comme

---

[72] *Ibid.*, p. 436.
[73] *Ibid.*, p. 440.

« rupture entre l'homme et la réalité totale »[74]. C'est dans le but de conjurer ce nihilisme calqué sur la gnose que Jonas construit une nouvelle philosophie fondée sur une éthique à partir de l'ontologie, réunie dans *Le Principe responsabilité.* Il tire les lois de la nature du principe susceptible de limiter notre pouvoir sur elle. Il s'inscrit à l'opposé du nihilisme moderne, en reliant l'homme à la réalité totale, la partie et le tout. L'homme, dit-il, n'est pas simplement partie, comme toutes les autres parties qui composent l'univers ; possesseur d'un esprit, il est une partie qui jouit de l'identité avec le principe directeur du tout[75].

I.5. APPRENDRE À IMITER LE COSMOS

Il s'agissait de montrer dans ce premier chapitre que dans l'antiquité grecque, le terme cosmos décrivait une appréciation positive de l'objet – quel qu'il soit- à décrire. C'est pourquoi *cosmos* veut dire ordre en général (du monde, d'une maison, d'une république, d'une vie, etc.). Appliqué à l'univers, le cosmos ne signifie pas seulement « tout-ce-qui-est » (en tant que somme quantitative), mais il exprime une qualité spécifique, ennoblissante. L'univers était le plus parfait modèle de l'ordre et l'on y voyait la cause de tout ordre particulier ; avec ceci que l'ordre du détail ne peut approcher que par degrés celui de l'ensemble. L'aspect sensible de l'ordre étant la beauté, le Tout, ordre parfait, devait être à la fois

[74] *Ibid.* p. 442.
[75] *Ibid.*, p. 324.

suprêmement beau et rationnel. Cet univers physique (cosmos), était considéré comme une entité divine ; on n'hésitait pas à dire que c'était un dieu, voire même le Dieu. Jonas dit que ce monde était « un tout animé et intelligent, disons même sage »[76]. Face à ce divin cosmos, la place qu'occupait l'homme en son sein était à la fois d'ordre théorique puisque l'homme doit *contempler* l'univers et pratique puisque l'homme doit *imiter* l'univers[77]. De ce fait, vénérer le cosmos, c'est vénérer le tout dont l'homme est une partie. Reconnaître ce statut de partie, s'y conformer, c'est un aspect de la relation de l'homme à l'univers, telle qu'il est convenable à l'homme de l'observer dans la conduite de sa vie. Néanmoins, les parties ne font pas que dépendre du tout pour avoir leur être, d'autant plus qu'elles entretiennent le tout grâce à leur être. De même que la condition du tout importe à l'être et au perfectionnement possible des parties, de même la conduite des parties importe à l'être et au perfectionnement du tout. Ainsi donc, ce tout (le cosmos) qui rendait possible la vie tout court, puis la bonne vie de l'individu, était chargé de veiller sur l'individu ; comme il le surpassait, comme il lui survivait, il en était aussi l'accomplissement suprême.

Les gnostiques vont penser un monde évacué du divin qui possède son ordre à lui ; un ordre vide de divinité. C'est le début d'une dépréciation métaphysique du concept monde. Cette conception

---

[76] *Ibid.*, p. 319.

[77] « ... *En contemplant l'ordre céleste, l'imiter dans la vie par l'esprit de mesure et la fermeté des principes* » (Cicéron, *Caton l'Ancien*, XXI, 77) (trad. Wuilleumier).

négative (du monde) ira de pair avec une conception positive, celle de la divinité d'outre-monde. En effet, le Dieu gnostique n'est pas seulement extramondain et supramondain, il est tout simplement dans sa vérité profonde antimondain. La gnose fait voler aux éclats l'unité du cosmos et de Dieu. Un fossé indépassable s'ouvre entre Dieu et le monde, Dieu et la nature ; l'esprit et la nature font le divorce et deviennent étrangers, voire contraires. Quant à l'homme et le monde, ils deviennent eux aussi étrangers l'un à l'autre. Cette déchirure entre l'homme et le milieu qui l'abrite (nature, cosmos) va conduire ce dernier à s'éloigner, pire à oublier son mode d'être qui est de contempler ou vénérer le cosmos et l'imiter. En lieu et place de la vénération et de l'imitation du cosmos, l'homme fait fausse route, et commence à arraisonner la nature, en mobilisant ses ressources par la technique.

Chapitre II

MOBILISATION INFINIE DE LA TECHNIQUE MODERNE DANS UN MONDE FINI

La technique prémoderne tout entière était macroscopique, comme l'étaient également les instruments anciens ou comme l'est aujourd'hui encore la machine. En manipulant des grandeurs relatives au monde corporel visible, la technique se tenait encore pour ainsi dire à la périphérie des choses. Depuis, elle a pénétré jusqu'au niveau moléculaire : elle peut désormais le manipuler, et créer à partir de là une matière qui n'a jamais existé, modifier les formes de la vie, libérer des forces. Jamais auparavant on n'a serré d'aussi près le génie de la nature dans ses composantes. C'est à partir des tréfonds de la nature que la technique gouverne le niveau supérieur et, à partir de l'infinitésimal, qu'elle gouverne ce qui est immense.[78]

Nous avons montré dans le premier chapitre à la suite de Jonas que le dualisme gnostique était à la base de la dévaluation métaphysique de la nature ; peut-on voir dans le progrès technique moderne, la concrétisation de

[78] Hans JONAS, *Une éthique pour la nature*, Paris, Desclée de Brouwer, 2000, p. 145.

cette « dénaturation de la nature[79] » ? Comme l'affirmait Jonas, l'état apocalyptique des choses, la menace de l'effondrement du monde, la crise ultime de la civilisation, la proximité de la mort, la totale mise à nu de toutes les questions vitales - tout cela suffit à porter un regard neuf sur les fondations de notre existence et à passer en revue les principes qui orientent nos pensées sur celle-ci[80]. L'homme moderne, est-il encore sujet de ses actions, main-tient-il (au sens de tenir en mains) tout ce qu'il fait ? Qu'a-t-il fait de son pouvoir prométhéen ? N'est-il pas plutôt devenu objet de la technique puisqu'il est incapable de contrôler (dans le sens de jouer un rôle contraire, maîtriser la direction) tout ce qu'il a mis en place ?

Le poète Goethe, auteur de *Faust*, a publié entre autres *L'Apprenti sorcier*. Il y raconte la mésaventure d'un jeune apprenti qui devait nettoyer l'atelier de son maître. Étant seul à le faire et livré à lui-même, il voulut utiliser un de ses sortilèges pour donner la vie à son balai. Une fois son balai animé, le jeune homme se rendit compte qu'il n'était plus capable de l'arrêter. Affolé, cherchant désespérément à mettre fin à l'activité frénétique de l'objet qui s'agitait de plus en plus, il le brisa d'un coup de hache en deux. Au lieu de s'arrêter, le mouvement se multiplia, chaque moitié se

---

[79] « La nature de l'action humaine a changé » disait Jonas dans *Essais philosophiques. Du credo ancien à l'homme technologique,* Paris, Vrin, 2013, p. 25.

[80] Hans JONAS, *Essais philosophiques. Du credo ancien à l'homme technologique*, *op. cit.*, p.14.

transformant en nouvel instrument de folie[81]. Cette agitation à l'infini confirme le propos de Peter Sloterdijk quand il dit que « le progrès est mouvement vers le mouvement, mouvement vers plus de mouvement, mouvement vers une plus grande aptitude au mouvement »[82]. Il reprend presque Jonas, quand il constatait non sans étonnement, que dans le monde technique « la vocation de l'homme consiste dans la progression en perpétuel dépassement de soi, vers des choses toujours plus grandes […][83] ». On considère tout ce qui précède comme une étape préparatoire vers l'actuel et tout ce qui est actuel comme étape préparatoire vers ce qui vient[84]. Dans un tel environnement, l'outil de la cinétique devient l'automobile en tant qu'« objet sacro-saint de la modernité, […] centre cultuel d'une religion universelle cinétique, […] sacrement sur roues qui nous fait participer à ce qui est plus rapide que nous-mêmes. [85]»

L'homme actuel, serait-il devenu cet apprenti sorcier dont parle Goethe qui, ayant mis sur pied la

---

[81] Cité par AL GORE, *Le futur. Six logiciels pour changer le monde*, (trad.de l'américain N. et J.M. Millanvoye et Ph. Mougel), éditions de La Martinière, Paris, 2013, p.23-24. Nous renvoyons également au roman très intéressant de Yann Martel, *L'histoire de Pi.* Il y décrit en effet un malheureux jeune naufragé Pi qui n'a plus de rivage solide à partir duquel il puisse jouir du spectacle de la lutte pour la survie aux côtés d'une bête sauvage indomptable pour lequel il sert à la fois de dompteur et de plat.

[82] Peter SLOTERDIJK, *La mobilisation infinie. Vers une critique de la cinétique politique*, (Traduction de l'allemand H. Hildenbrand), Christian Bourgeois Éditeur, Paris, 2000, p. 35.

[83] Hans JONAS, *Principe responsabilité*, *op. cit.*, p.36.

[84] *Ibid.*, p. 48.

[85] Peter SLOTERDIJK, *op. cit.*, p. 39.

technique avec son arsenal de dispositifs, se rend compte que non seulement il ne peut plus revenir sur ce qu'il a déjà réalisé, mais aussi, ce point de non-retour fait de l'homme un impuissant face à l'artefact dont il se veut l'auteur. La nature, est-elle devenue cet objet dont l'existence n'est que mobilisation à l'infini ? Il nous suffira d'analyser la situation en partant du mythe prométhéen du feu volé aux dieux. Nous essayerons ensuite de décrypter l'idée de la technique et ses corollaires dans la pensée de Jonas. Nous comparerons enfin la pensée de Jonas à celle de Heidegger et de Gunther Anders sur le même sujet de la technique. Ces auteurs ne disent pas la même chose, mais sont tous d'accord que l'expansion sans limites de la technique dans un monde limité, ne peut qu'engendrer un monstre.

II.1. DU FEU PROMÉTHÉEN À LA TECHNIQUE

Platon fait dire à Socrate dans un dialogue avec Protagoras[86] comment les dieux après avoir tout créé, ont donné à Prométhée et Épiméthée la tâche de distribuer des facultés, à chacun des animaux, selon ce qui lui convient. Prométhée attribua aux uns la force sans la vitesse, aux autres, il imagina d'autres moyens en vue de leur autoconservation. Aux uns il donna les ailes pour fuir, aux autres un refuge souterrain. Il appliqua un procédé de compensation à tous les animaux. Pour échapper aux saisons, il

[86] PLATON, *Protagoras 320c-321c. Voir aussi les Théogonies d'Hésiode, 513.*

imagina des poils épais et des peaux serrées pour garantir du froid, protéger contre la chaleur et servir de couverture pendant le temps de sommeil. Il leur fournit des aliments variés suivant leurs espèces. Aux uns l'herbe du sol, à d'autres les fruits de l'arbre, aux autres des racines. À quelques-uns même, il donne d'autres animaux à manger, il limita leur fécondité et multiplia celle de leurs victimes pour assurer le salut de l'espèce. Dans sa distraction, Épiméthée avait dépensé pour les animaux toutes les facultés dont il disposait. Il lui restait la race humaine à pourvoir, malheureusement il avait déjà tout dépensé. Quand Prométhée arrive pour examiner le partage, il constate que tous les animaux ont été pourvus, mais l'homme était nu, sans chaussure ni couverture, ni arme. Ne sachant plus quoi donner à l'homme pour son autoconservation, Prométhée va voler le feu à Héphaïstos (patron de la métallurgie) et Athéna (déesse de la guerre et de l'intelligence) pour le donner à l'homme. Il espérait qu'avec l'art de manier le feu, l'homme se procurerait des ressources pour vivre. Prométhée fut puni par les dieux pour son larcin et il fut enchaîné. Hans Jonas introduit son *Principe responsabilité* en faisant allusion à Prométhée. D'après lui, ce dernier n'est plus enchaîné, lui à qui les hommes accordent une confiance aveugle, une force inégalée et lui vouent un culte sans précédent. Étant libre, Prométhée peut désormais aller partout, faire tout, franchir les seuils qui lui étaient jusque-là interdits.

Outre le pouvoir du feu, au creux de la terre, les hommes devront tracer les sillons, enfouir la semence pour que germe l'épi. L'agriculture devient nécessaire ; Contrairement à l'animal suffisamment pourvu, l'homme devra gagner son pain à la sueur de son front, en transpirant sur les sillons, en y jetant la semence. Pour cela, il doit aussi apprendre à stocker sa récolte pour qu'au printemps, à la jointure difficile de l'hiver et de la nouvelle récolte, il ne se retrouve pas démuni. Remarquons que le feu dont disposent les hommes, est un produit du vol. Il n'est pas comme le feu céleste qui ne faiblit jamais et n'a pas de défaut. Le feu de l'homme est « né », par conséquent, il peut mourir aussi. Pour préserver sa durée, il va falloir veiller sur lui. S'il n'est pas continuellement nourri, il s'éteint. S'il est nourri outre mesure, il embrase toute la cité et tout l'humain avec lui. Les hommes en ont certes besoin pour se réchauffer, pour manger et pour vivre, mais ce même feu peut les priver de la vie. Son embrasement a ceci de particulier qu'il peut faire même des victimes innocentes puisqu'il n'épargne personne. Qui est ce Prométhée que les dieux redoutent, mais auquel les hommes accordent une confiance démesurée ? Quel est le sens de son feu ?

Le feu prométhéen dérobé par ruse, est vraiment la marque de la culture humaine à l'ère de la technique. C'est un feu « technique » au sens de la *technè*. Prométhée lui-même est le prototype de « la soumission de la nature », de « la technique moderne. [87]» Il est une procédure intellectuelle qui démarque les humains des bêtes en consacrant leur caractère de créatures civilisées. Comme ce feu

---

[87] Hans JONAS, *Principe responsabilité*, *op. cit.*, p.15.

humain a besoin de s'alimenter pour vivre, il a aussi en lui l'aspect d'une bête sauvage qui, déchaînée, ne peut plus s'arrêter. Il brûle tout sur son passage sans épargner les villes ni les forêts. Il est une espèce de bête ardente, affamée et que rien ne rassasie. Avec son ambivalence, le feu symbole de la technique, souligne la spécificité de l'homme, cet être intermédiaire qui n'est ni dieu ni animal, mais qui paradoxalement a une origine divine et dont la marque est bestiale[88].

Avant d'être **ζων λογον**, c'est-à-dire « le vivant doué de raison », Hésiode savait que l'homme est en effet, **αλφηστης** c'est-à-dire « le mangeur de pain.[89] » Non seulement l'homme doit manger pour pouvoir rester en vie, mais aussi son trait caractéristique par rapport aux autres êtres vivants est que, rien ne lui est donné par nature. C'est pourquoi il doit tout produire par artifice (**τεχνη**). Dire que l'homme est fondamentalement mangeur de pain, c'est aussi affirmer qu'il est tout autant le cultivateur de la terre, le moissonneur du blé, le meunier qui moud le grain et le boulanger qui cuit le pain. Bref, c'est reconnaître qu'il est condamné à « manger à la sueur de son front » (Gn 3, 19)[90]. Peut-il le faire sans dénaturer la nature ?

---

88 Jean-Pierre VERNANT, *L'univers, les dieux, les hommes. Récits grecs des origines*, coll. « essais », Éditions du Seuil, Paris, 1999, p.77.

89 HÉSIODE, *Théogonie*, 511.

90 Jean VIOULAC, *Science et révolution. Recherche sur Marx, Husserl et la phénoménologie*, coll. « Épiméthée », PUF, Paris, 2015, p. 185-188.

Le philosophe Jonas a ceci de particulier qu'il est le premier de son temps et le seul de son envergure à avoir mené de façon méthodique et sérieuse, une réflexion rigoureuse sur la nature et la vie. Grâce à lui, l'humanité comprend qu'elle ne doit pas vivre seulement dans l'insouciance, car elle doit du respect aux générations futures, elle a une responsabilité à l'égard de l'environnement et de toutes les espèces animales et végétales. D'où la question, quelle précaution prendre pour éviter des catastrophes qui affecteraient aussi bien l'espèce humaine que la possibilité de la vie en général ? La rédaction du *Principe responsabilité* a été motivée par un objectif double de prise de conscience : le fait que la technique met en danger de manière radicale et comme jamais auparavant l'existence de la vie et de l'humanité. L'éthique traditionnelle qui est anthropocentrée ne peut plus enrayer un tel danger, et seulement une éthique adaptée à la civilisation technologique peut l'empêcher en se laissant guider par une politique conforme à la vie.

II.2. LA PRIMAUTÉ DE LA VIE

Hans Jonas est parfois un personnage atypique. Quand ses écrits ne sont pas ignorés, ils sont manipulés ou cantonnés à un aspect (gnose, biologie de la vie, écologie) et pourtant l'auteur navigue entre tous ces aspects. À l'exemple de Heidegger qui, à son époque, faisait remarquer que l'histoire de la philosophie se caractérise par l'oubli de l'être, d'où sa détermination de pousser les hommes à prendre en possession la question de l'être ; Jonas fait un effort de montrer que le véritable oubli est celui de la vie[91]. C'est pourquoi Jonas trouve dans le sentiment d'être en vie le point de départ d'une description de sa philosophie biologique. Il n'entend pas reprendre le schéma de son maître. D'ailleurs il renverse la position heideggérienne de l'être. Chez l'auteur de *Sein und Zeit*, l'accès privilégié à l'être est « l'être-vers-la-mort », conception abstraite de l'existence dont on ne perçoit le sens que quand on l'inscrit dans le Dasein, avec comme conséquence l'oubli de la vie. Comme dirait Jonas à la suite de son maître, le non-être apparaît comme possibilité de l'être lui-même, la possibilité de ne pas être devient constitutive de la vie, si bien que « l'être [...] est de part en part un fait de polarité [...] de l'être et de non-être, du soi et du monde, de la forme et de la matière, de la liberté et de la nécessité.[92]» Jonas trouve dans le sentiment d'être en vie, le point de départ d'une description de la vie. Comme l'être-envers-la-mort inaugure une ontologie dualiste entre sujet et objet par la pensée de l'être, dans *le phénomène de la vie*, Jonas pense la vie comme un *monisme* qui comprend le corps et l'esprit dans une relation inséparable : « la vie est essentiellement relation et la relation comme telle implique une "transcendance", un aller-au-delà-de-soi de la part de ce qui entretient la relation [93]». C'est cette vie qui est plus que jamais exposée à la menace technologique propre à la civilisation contemporaine. La dimension de la technique, sa tendance cumulative et

[91] Éric POMMIER, *Jonas*, Paris, Les belles Lettres, 2013, p.20.
[92] Hans JONAS, *Le phénomène de la vie. Vers une biologie philosophique*, (Traduit de l'anglais par D. Lories), De Boeck université, Bruxelles, 2001, p.16.
[93] *Idem*

frénétique, sa puissance, les apparences des services qu'elle rend à l'homme, font d'elle un phénomène redoutable et dangereux. Jonas n'exclut pas complètement le fait que la technique soit une collection d'objets artificiels, ni même un savoir-faire, mais ce qu'il dénonce dans la technique, c'est sa tendance à se rapporter au monde sur le mode utilitaire. On ne voit plus la beauté de la nature dans sa gratuité, mais on la considère comme un stock d'énergies qu'il faut à tout prix exploiter. Cette façon de voir et de faire compromet non seulement la vie dans sa factualité brute, mais aussi dans son processus, voire, dans sa possibilité d'être. La technique devient dangereuse, pas seulement au plan factuel, mais aussi ontologique. Elle lance à l'humanité un défi nihiliste sans précédent. En mettant en question la vie dans son ensemble, la technique nous contraint à revenir sur la question fondamentale : « à quoi bon laisser vivre l'homme ? À quoi bon la vie ? » La grande dernière œuvre de Jonas, le *Principe responsabilité*, entend répondre à cette question en justifiant « la nécessité éthique de préserver la vie pour les générations à venir, au nom de la vie elle-même. Cela veut dire que le but poursuivi est de pousser au respect de la vie en mettant en avant le bien qu'il recèle et qui nous pousse à la respecter. Car quelle que soit notre origine ou notre destinée, pré-cosmique ou supraterrestre, il convient d'agir ici-bas et de bien agir, non pas d'abord en vue du salut personnel ni même du sort d'un dieu en devenir, mais en vue de préserver l'humanité de ses propres tentations autodestructrices dont la technique est le mobile.

II.3. LA TECHNIQUE ET LE RISQUE DE PÉRIL

II.3.1. La crise de l'homme et la technique

Paul Valérie dans *La Crise de l'esprit* décrit *l'homo europeanus* comme cet être d'amplitude de la volonté, qui désire encore plus. Partout où il y a un esprit européen, nous dit-il, « on voit apparaître le maximum de *besoins*, le maximum de *travail*, le maximum de *capital*, le maximum de *rendement*, le maximum d'*ambition*, le maximum de *puissance*, le maximum de *modification de la nature extérieure*, le maximum de *relations* et d'*échanges*[94]*».* Cette définition, quoique ne venant pas de Jonas lui-même, éclaircit le contexte dans lequel la technique se développe. En effet, Jonas ne nous dit pas exactement ce qu'il entend par la technique. S'inscrit-elle dans cette mobilisation infinie qui pousse l'homme à désirer plus, à travailler plus, à manger et boire plus, à se reposer plus, à vouloir toujours plus ? Le moins que l'on puisse dire est que, pour Jonas, « violer la nature et se civiliser vont de pair »[95] en tant que deux manières à la fois de soumettre la nature et s'assurer de l'abri de la cité et ses lois, indépendamment de la nature. Il parle aussi de « l'usage des forces naturelles artificiellement générées et produites par la puissance de machines productrices de travail.[96]» Violer la nature par la technique et y chercher un abri en cas de

---

[94] Cité par Peter SLOTERDIJK, *op. cit.,* p.68.

[95] Hans JONAS, *Essais philosophiques. Du credo ancien à l'homme technologique*, Paris, Vrin, 2013, p.27.

[96] *Ibid.*, p. 110.

danger, n'est-ce pas paradoxal ? Et pourtant tel est le credo plus ou moins inavoué de l'homme moderne. Qu'est-ce que cette technique moderne qui nous fait miroiter un paradis perdu ? À défaut d'une définition toute faite, nous pouvons à travers les écrits de Jonas distinguer six caractéristiques principales[97].

Premièrement, alors que la technique jusque-là consistait en de simples moyens, moralement neutres, à atteindre certaines finalités, la technologie moderne se distingue d'abord par le débordement de son monde naturel. C'est ainsi qu'elle intéresse la philosophie morale bien au-delà des intentions qui furent les siennes au début de sa conception, de sa mise au point et de sa diffusion. Jusque-là, le défi de la philosophie morale s'était limité à la question du bon et du mauvais usage. À l'heure actuelle, elle est devenue impossible de soutenir la neutralité de la technique tellement elle pose de nouveaux problèmes inédits[98]. Son déploiement a des effets indépendants de l'intention initiale de l'usager. C'est pour cela que même les technologies utilisées selon les meilleures intentions du monde, peuvent toujours déclencher une suite incalculable de conséquences, passant de la bénédiction à la malédiction. Jonas commence par décrire l'époque où « la *technè* était [...] un tribut

---

[97] Voir l'article de Xavier GUCHET, « L'homme, la technique et la vie dans la philosophie de Jonas. Une approche critique » dans *ALTER*, n° 22(2014), p. 79-99.

[98] Pour montrer la fracture entre le temps passé et le temps actuel, Jonas parle du gouffre béant du maintenant et de l'alors, du moyen et de la fin, de l'action et du but, s'étendant sur des générations (Cf. *Principe responsabilité*, p. 48).

mesuré payé à la nécessité, non la voie vers le but que s'est choisi le genre humain[99]. » C'était un moyen doté d'un degré d'adéquation à des fins prochaines bien définies. Cela n'est plus le cas puisque « sous forme de technologie moderne, la technique est devenue une fuite en avant de l'espèce humaine [...] ; c'est dans son avancée permanente et se dépassant elle-même vers des choses toujours plus grandes qu'on tend à voir la vocation de l'homme, [...] (en plus) son succès dans le contrôle maximal des choses et de lui-même apparaît comme l'achèvement de sa destinée [100]. » La technologie moderne déplace la question du bien-fondé moral des applications, pour laisser place à celle de l'agir humain sur la matière inerte et vivante ainsi que des conséquences incontrôlables de cet agir.

En somme, la technique moderne, contrairement à celle traditionnelle, n'est plus éthiquement neutre. Elle est désormais dynamique. Contrairement à l'ancienne qui se définissait comme une possession, voici que la technique moderne se définit au contraire comme une entreprise et un processus. L'objet fabriqué n'est plus le but de la recherche, mais un prétexte pour la relancer. L'invention cède la place à l'inventivité comme « fin sans fin » du processus technique toujours en mouvement. De ce fait, la technique actuelle progresse toujours plus haut et non plus bas, vers un stade supérieur et non inférieur sans

---

[99] Hans JONAS, *op cit.*, p. 34.
[100] *Ibid.*, p. 35.

qu'on soit vraiment capable de dire en quoi consiste cette supériorité.

Le deuxième trait est que, l'agir technologique moderne, de par sa nature même, s'est transformé en profondeur en raison des ordres de grandeur mis en jeu. Fidèle à une philosophie biologique, Jonas distingue l'élevage et l'agriculture d'un côté et les biotechnologies de l'autre côté. Tandis que, dans le premier cas, l'intervention technique améliore par le croisement, les caractéristiques phénotypiques sans altérer profondément la nature de la chose, les technologies modernes sans scrupules, s'inscrivent dans le plan de la construction moléculaire des êtres. Jonas ne se cramponne pas à ne souligner que le changement des effets d'agir technologique humain. Il part d'un constat non moins négligeable que l'homme agit désormais comme une force perturbatrice globale et irréversible de grands équilibres de notre écosystème. Il n'est plus comme avant, une force de perturbation locale et réversible. Pour lui, « la transformation de l'agir humain porte surtout sur les modalités de cet agir, sur les échelles d'intervention et sur la nature des chaînes opératoires mise en jeu »[101]. Avec l'ampleur de ses effets boule-de-neige, le pouvoir technologique nous propulse vers des buts d'un type qui était autrefois la chasse gardée des utopies. L'extension technique à grande échelle apparaît somme toute inévitable, car « l'homme est maintenant de plus en plus producteur de ce qu'il a

[101] Hans JONAS, *Essais philosophiques. Du credo ancien à l'homme technologique*, p. 82.

produit et le faiseur de ce qu'il sait faire [...][102]. » Elle investit l'ensemble de la planète sans épargner les générations à venir. Elle est devenue globale dans l'espace et dans le temps. En vertu de sa globalité, la technique fait de la terre et de l'humanité des objets manipulables. Par conséquent son « ici et maintenant » affecte l'équilibre naturel dans son ensemble et les générations futures. L'homme n'est plus un acteur individuel, mais collectif, son acte n'est plus isolé, il devient un acte éminemment collectif.

En troisième lieu, la technologie moderne suscite des soupçons contre elle-même. Il n'y a plus de différence entre posséder un pouvoir d'agir et l'exercer, tellement la technique est devenue une force autonome toujours en progression, si bien que, d'après la loi dite de Gabor, « tout ce qui est techniquement possible sera réalisé ». C'est ce qu'affirme Jonas lors qu'il dit que « l'homme va prendre en mains sa propre évolution, dans le but non pas simplement de préserver l'intégrité de l'espèce, mais de la modifier par des améliorations qui relèvent de son propre dessein [...] Avons-nous le droit de le faire ? (insinue-t-il), Sommes-nous qualifiés pour ce rôle de créateur ? » Il conclut que « nos pouvoirs d'agir nous poussent au-delà des termes de toute éthique antérieure[103]. » Son étonnement sous forme de question exprime son inquiétude quant à cette manœuvre de la technique devenue excès de notre pouvoir d'agir et de prévoir. Quel sens donne-t-il à la

---

[102] Hans JONAS, *Principe responsabilité*, pp. 36-37.
[103] *Ibid.*, p. 42.

thèse autonomiste de la technique ? Elle ne signifie pas d'abord autonomisation du processus de leur création et de leur utilisation, devenues étrangères et dont les considérations sont portées par la logique du développement technologique. Avec les techniques biogénétiques qui manipulent les génomes, tout cela a changé. Nous sommes capables de créer aujourd'hui des êtres entièrement nouveaux qui sont destinés à venir prendre place dans le monde et à y produire des effets que nous ne pouvons anticiper, contrôler ni arrêter. Le risque est de voir l'être humain se faire maîtriser par les œuvres de ses mains au lieu de maîtriser celles-ci. Toute continuité dans la logique de la folle course en avant, fera de l'être humain l'impuissant devant son propre artefact. C'est ce qui fait dire à Jonas qu'au lieu de garantir notre liberté, la technique va la compromettre[104].

Pour cela, Jonas juge mieux de développer une nouvelle éthique qui ne se limite plus à l'exercice du pouvoir d'agir, mais s'étend jusqu'à sa possession. Jonas milite en faveur d'un contrôle extra-technologique de la recherche. Il veut inverser la logique en cours qui encourage l'exercice de la puissance et non son acquisition et se demande s'il n'y aurait pas possibilité que la science arrive à s'autoréguler. Les scientifiques renvoyés devant leur propre responsabilité, sont-ils capables de réguler la science en lui évitant les travers ? Pour peu que cela soit crédible, Jonas ne le retient pourtant pas. Faut-il alors constituer des commissions

---

[104] *Technik, Medezin und Ethik*, Franckfurt am main, Suhrkamp, 1987, p. 24 cité par E. Pommier, *op. Cit.*, p.128.

réunissant spécialistes et profanes comme ce fut au Bourget il y a quelques mois lors de la COP 21 ? À son avis, ce genre de solution court le risque de n'être qu'une caisse de résonnance des intérêts individuels. C'est plus facile d'adopter un accord général lors de la COP et pourtant, il est compliqué d'obtenir l'adhésion de tous les membres dans la ratification des résolutions finales. Cela s'explique par le fait que chaque état défend d'abord ses intérêts personnels et relègue l'intérêt général au second plan. Est-il possible alors de penser à un conseil des sages pour trancher sans parti-pris ? L'entreprise est d'autant plus compliquée que Jonas finit par botter en touche, en se contentant de dire que le problème de *gouvernance mondiale* de la science n'est pas son problème en qualité de philosophe préoccupé d'éthique et non de politique[105]. Nous sommes tentés de penser qu'avec cette affirmation, Jonas développe un dualisme éthico-politique lui qui critiquait les dualismes gnostique et heideggérien. Pourquoi Jonas soupçonne-t-il la technologie moderne d'être ambivalente c'est-à-dire un couteau à double tranchant ?

Comme évoqué précédemment, avec la technique, les problèmes éthiques ne se limitent plus à l'évaluation des intentions ni des buts visés par les usagers à l'origine. L'agir humain se transforme qualitativement de telle sorte qu'il n'y a plus de distinction entre la possession et l'exercice d'un pouvoir technologique. C'est pourquoi Jonas compare la technologie nucléaire

---

105 Hans JONAS, *L'art médical et la responsabilité humaine*, Paris, Cerf, 1985, p.37.

qui a produit la bombe atomique et les technologies biomédicales. Il constate que la bombe atomique est mauvaise en soi et indéfendable quant à ses finalités elles-mêmes. Qu'on l'utilise ou pas, sa présence en soi est une possibilité de catastrophe instantanée. C'est pourquoi, même la centrale nucléaire qui produit de l'énergie dont l'importance n'est pas à démontrer, peut aussitôt se muer en une catastrophe humanitaire aux effets incommensurables. Même utilisés civilement, les réacteurs nucléaires empoisonnent lentement le sol et constituent de ce fait, un mal pour l'humanité. Par contre, dans le cas des technologies biomédicales, la situation est tout à fait différente. Ses intentions sont bonnes et louables. Le fait de la posséder et d'exercer son pouvoir, au lieu d'être un danger pour l'humanité, éloignent et poussent très loin le danger. Si la technique biomédicale peut réduire la mortalité infantile, dit Jonas, on ne peut pas ne pas moralement le faire. Jonas se garde toutefois d'exclure le danger à long terme de la technologie soft à l'instar de la biomédecine. En effet, les progrès des techniques médicales font reculer la mortalité infantile, mais en même temps, dans l'ensemble, ils accroissent la pauvreté des populations, du fait de l'augmentation des bouches à nourrir dans les pays à faibles revenus. Cela aggrave aussi la pression démographique que la terre est obligée de subir. L'ambivalence de la technique moderne réside dans le fait que « la somme de petites actions individuelles bonnes en elles-mêmes devient catastrophique au plan collectif[106]. » C'est pourquoi par exemple, rouler en

[106] Éric POMMIER, *op. cit.*, p.129.

voiture pour se rendre à l'école ou au travail est une action bonne et honnête, mais à long terme, rouler en voiture devient par sa pollution, une action dangereuse, voire nocive à l'humanité tout entière et à la nature elle-même.

La quatrième caractéristique est le changement d'échelle spatio-temporelle. Comme un observateur avisé, Jonas constate qu'il y a eu du côté du sujet c'est-à-dire de l'individu, puis du côté du monde, un changement d'échelle dans la mise en œuvre des technologies. D'une part, l'individu ne compte plus, il est englouti dans une masse sociétale anonyme. Seule la société (anonyme) a le pouvoir d'agir technologiquement. Il ne s'agit pas d'exonérer les turpitudes humaines dans la détérioration de l'écosystème. Il est plutôt question de montrer que, n'importe quel agissement a des supporters, des fanatiques, des lobbies forts, derrière. D'autre part, l'ampleur des effets de l'agir technologique moderne déborde amplement son monde naturel. Tout acte individuel devient collectif en tant que soutenu par un groupe et en tant qu'ayant des répercussions sur tout le monde, même les innocents.

Cela étant et c'est la cinquième caractéristique, dans un contexte de changement de l'agir humain, l'éthique voulue par Jonas ne peut plus être anthropocentrique. Une telle éthique est incapable de prévenir et de mettre fin à un danger d'ampleur cosmique. Le point de vue utilitaire sur la nature doit être dépassé de façon à faire entrer la nature et la vie elle-même dans le champ de la philosophie morale. Il faut donc une nouvelle éthique adaptée à la civilisation technologique qui met la préservation de la vie au centre de tout.

La dernière caractéristique de la technologie moderne c'est qu'elle nous oblige à poser la question métaphysique par excellence : « Pourquoi y a-t-il quelque chose plutôt que rien » ? Dans le sens jonasien nous dirons, « pourquoi est-il nécessaire qu'il y ait la vie plutôt que la non-vie, l'humanité en lieu et place de l'inhumanité ? D'après l'auteur du *Principe responsabilité*, si la technologie moderne a des aspects détestables et parfois très méprisables, c'est parce qu'elle constitue une menace pour la vie elle-même. C'est pourquoi, il est plus qu'urgent de justifier les raisons pour lesquelles, si nous voulons que l'humanité continue d'exister, la vie doit être préservée. En somme, l'éthique prônée par Jonas se fonde sur une philosophie de la vie. Comme celle-ci est menacée d'exténuation par la technologie moderne, il convient de la défendre et la justifier. Ceci n'est possible que quand on part du principe selon lequel, indépendamment de toute autre chose, « la vie en elle-même (est) porteuse d'une valeur intrinsèque.[107] » Il y a quelque chose, plutôt que rien parce que, chacune des choses particulières qui existent, dépend pour son existence d'un Acte pur d'existence. Afin d'être la réponse ultime à tous les problèmes existentiels, cette cause suprême doit être l'existence absolue.[108] On peut ne pas savoir pourquoi les choses existent, mais ne pas savoir pourquoi les hommes existent, est quand même grave. Comme souligné par Rémi Brague, nous avons la particularité que notre

---

[107] *Ibid.*, p. 84.

[108] Etienne GILSON, *Dieu et la philosophie*, Petrus a stella, Fontgombault, 2013, p. 117.

existence dépend de nous. « Nous ne nous sommes faits nous-mêmes […] Mais rien ne nous empêche de nous défaire. Soit comme individus, si nous voulons "en finir avec la vie", soit comme espèce, en refusant de la transmettre. Cette possibilité, portée à l'incandescence par les progrès de la technologie, nous oblige à faire des questions dites "métaphysiques" des questions parfaitement quotidiennes.[109] »

II.3.2. Oser persévérer dans son être

Alors que l'ancienne cosmologie concevait l'univers fini, limité, borné par la hiérarchie des formes, l'univers moderne est infini à l'exemple des éléments qui le composent. La nature est laissée à des lois régissant les parties matérielles qui ne manifestent en soi aucune intelligence, remplace le cosmos finalisé et ordonné par des modèles éternels qui sont aussi des normes de perfection. À cet ancien monde succède le nouveau dans lequel la science explore l'infini de la matière et peut à sa guise recomposer ses éléments, indifférents soient-ils ou même dépourvus de finalité propre. C'est pourquoi elle peut engendrer une mobilisation technologique infinie.

Pourquoi l'humanisme traditionnel ne semble-t-il pas pouvoir prendre en charge les dangers propres à la civilisation technologique ? Ce qui convient pour Jonas n'est pas d'abord l'établissement de rapports justes entre les hommes en se référant à l'idée kantienne d'une dignité inscrite de manière définitive dans la raison pure pratique. Ce qui compte pour lui est avant tout, « la

---

[109] Préface de Gilson, *Dieu et la philosophie*, p.XV-XVI.

reconnaissance de la valeur en soi d'une humanité qui doit ce qu'elle est à son incarnation et donc à son inscription dans une nature. »[110] La technologie pourra plus tard remettre en question cette valeur par ses interventions intempestives. Au lieu d'être donnée première où s'originent les obligations morales, la présence de l'homme dans ce monde devient elle-même un objet d'obligation. Vu que l'humanisme reste centré sur l'homme, du point de vue axiologique, comme foyer de la raison pratique, il ignore que ce dernier est devenu vulnérable en même temps que la nature. En intervenant par exemple sur la naturalité de sa reproduction, la technique pose à l'homme la question de son devenir homme : l'homme veut-il vraiment devenir humain ? Dans la modification des conditions générales de l'équilibre écologique, l'atteinte est portée au dynamisme extrinsèque à la nature. De manière paradoxale, c'est à cause de l'anthropocentrisme de l'humanisme que la nature et l'homme courent le risque d'une dévalorisation définitive. D'où la nécessité de prendre au sérieux la possibilité que la vie humaine pourrait cesser un jour. La question du devoir-être de la vie humaine dans un monde liquide, appelle à l'éthique. Il faut penser un humanisme biocentré, qui tient compte de la valeur de l'homme depuis une vie. Cet humanisme-là ne peut pas être dépourvu de valeur. Finalement la menace technique nous ouvre paradoxalement à la question vraiment radicale du devoir-être de l'homme au monde ; une question que la perspective anthropocentrique nous masquait et nous

---

[110] Éric POMMIER, *op. cit.*, p.131.

interdisait de poser. On pourrait imaginer un appel incessant que la nature fait à l'homme, l'invitant à se maintenir dans l'existence comme homme et à préserver l'héritage de la nature. Autrement dit, il faut se poser la question de la raison d'être de l'homme et de la nature. C'est à partir d'une idée ontologique, c'est-à-dire une idée de l'homme provenant de l'être-au-monde de l'homme que l'éthique pourra recevoir un fondement. Comment aider l'homme à préserver son être et à persévérer dans la nature ?

II.4. HEIDEGGER ET LA TECHNIQUE

II.4.1. Au commencement était l'être

Si Jonas ne mentionne pas le nom de Heidegger dans le « chapitre II » du *Principe responsabilité*, c'est pourtant bien le concept « *neutre* » d'être de Heidegger qu'il y critique comme l'un des « *dogmes les plus endurcis de notre époque* » (p. 96). Cette critique du concept heideggérien d'être, que Jonas compare ici à la *suppositio* d'Ockham[111], a pour finalité de rendre à nouveau possible la fondation de l'éthique sur la métaphysique. Que dit exactement Heidegger ? Il se penche sur la manière dont l'être a été compris depuis le commencement grec jusqu'à notre époque. Les différentes façons dont l'être a été reçu, permettent de concevoir tout ce qu'il est, c'est-à-dire, son étantité ; comme chaque époque de

[111] Il n'y a rien d'universel dans le monde en dehors des dénominations. Les choses n'existent que puisqu'elles sont singulières. Il n'y a pas d'essence indépendamment de l'existence.

dispensation de l'être a son idée de ce que doit être le monde et se préoccupe de cela. C'est pourquoi, comprendre notre époque comme celle de l'avènement de l'homme moderne avec sa façon particulière de définir ce qui est, nous permet de comprendre le mouvement de la phénoménologie qui prône le retour à la chose même. C'est une façon pour la phénoménologie de nous convier à une entente de l'étant comme phénomène que nous distinguons de l'étant comme objet représenté dans l'intériorité d'une conscience.

Au temps moderne, c'est-à-dire notre époque, la manière de concevoir la vérité et la réalité dépend de la manière de penser l'étant, y compris l'homme et tout ce qui l'entoure. Au dire de Heidegger, l'époque moderne comporte cinq phénomènes essentiels[112] : la science, le développement de la technique, le devenir objet de l'œuvre d'art pensé comme expression du vécu humain, le développement d'une politique culturelle qui vise la réalisation des valeurs humaines et la disparition des dieux qui laisse place à une interprétation psychologico-historique de tous les mythes.[113] Ces phénomènes montrent bien la façon de voir et de penser tout ce qui est.

Contrairement à la conception du Moyen âge où la science signifiait une doctrine, aujourd'hui elle vise grâce à la recherche, à investiguer tout ce qui est dans la

---

[112] Cf. Édith BLANQUET, *Apprendre à philosopher avec Heidegger*, ellipses, Paris, 2012, p.151-152.

[113] Martin HEIDEGGER, « l'époque des conceptions du monde », dans *Chemins qui ne mènent nulle part,* Gallimard, « Tel », n° 100, 1962, pp. 99-146.

nature. La science est d'après Heidegger, une investigation : « *ta mathemata* signifie pour les Grecs ce que l'homme connaît déjà d'avance lorsqu'il considère l'étant et lorsqu'il entre en relation avec les choses : des corps, ce qui fait d'eux des corps ; des plantes, ce qui en fait des plantes ; des animaux, ce qui en fait des animaux-l'humanité. »[114] Depuis que le *Dasein* existe, la manière de comprendre ce qui est, dépend de la façon dont l'être a été regardé. Heidegger nous convie non pas à rejeter la science, mais à en penser la portée et les limites. Ainsi lorsque nous explorons la nature sur base de calcul, ce n'est pas notre exploration qui est exacte parce que notre calcul est juste, mais c'est parce que nous avons pré-établi que ce qui est objectif doit être calculable, que l'expérimentation est soumise au calcul. L'auteur de *Être et Temps* constate que notre époque a développé la liaison entre exact-calcul et vrai à tel point que la science s'impose comme seule référence en matière de vérité objective. Du coup, le savant moderne n'est plus l'érudit de l'autre fois, il est ce chercheur qui est engagé dans un programme de recherche. Comment représenter l'étant ? Il est l'objet de représentation. Ce qui se donne à voir avec sa dimension de mystère, doit devenir un objet clairement établi. L'étant en tant qu'objet (jeté devant un su-jet) doit correspondre au fait que tout ce qui est, a une étendue mesurable et constante. Pour connaître un objet, on doit être capable de calculer d'avance, prévoir son processus futur. Est-on aujourd'hui capable de connaître la nature ? Connaître pour Heidegger c'est expliquer comment telle chose est

---

[114] *Ibid.*, p.103.

constituée, son fonctionnement, déterminer les causes et les effets tout en prévoyant la marge d'erreur. Cette investigation, cette recherche de connaissance va engendrer la technique telle que nous la vivons dans le modernisme.

L'époque moderne est celle où il s'agit justement de rendre raison, c'est-à-dire expliciter et mettre en lumière tout ce qui est au besoin, en produire un modèle. La vérité est la pleine lumière de la raison ; aucune ombre ne doit subsister en elle. Tout ce qui résiste à la raison n'est pas acceptable. Quant à l'homme, il devient sujet (*hypokeimenon*) c'est-à-dire ce qui est au fondement de quelque chose, un *subjectum*, fondement de tout ce qui est. Or ce qui est se décline à la mesure de la raison. L'homme devient celui de qui tout prend sens et fondement. Il décide de la vérité de tout étant et fixe ce que quelque chose doit être pour être conforme à l'idée qu'on s'en fait et répondre à la conception du monde.

Le règne de l'époque moderne c'est donc celui où le monde devient objet de représentation pour un sujet ; il n'est plus pensé comme création divine ; L'époque moderne est celle où Dieu est mort, l'homme est sur la terre sans avoir besoin de recourir à un ciel qui l'abrite. L'étant qui se conforme aux règles édictées par la raison humaine est, d'après Heidegger, « assigné à un domaine et convoqué par lui et pour lui. »[115] La nature, la terre se réduit de ce fait, à un réservoir des matières que nous pouvons maîtriser. Tout ce qui est, peut alors se concevoir

---

[115] *Ibid.*, p. 157.

comme une réserve disponible à l'usage de l'homme, lui qui est la mesure de tout ce qui est. En perdant ses charmes, la nature se réduit à une sorte d'énorme magasin où les humains peuvent puiser à qui mieux mieux sans restriction aucune, faisant fi des générations futures.[116]

II.4.2. La technique : pro-voquer et pro-duire

Peut-on affirmer à tous égards que notre époque est plus évoluée que celle des hommes « primitifs » ? Heidegger ne pense pas ainsi. Pour lui, chaque époque possède ses propres valeurs et met en œuvre une conception de ce qui est. Nous nous hâtons d'émettre des jugements de valeur en ignorant que chaque époque a ses propres valeurs. Le fait de poser a priori certaines évidences nous empêche de prendre du recul. Notre manière de faire a des implications quant à ce que nous pensons du bien-être humain. Nous ne mesurons pas les implications de chacun de nos comportements. Heidegger parle de dévalement, sous-entendu que notre manière de nous comporter est déterminée par l'accélération, l'urgence, la quête du nouveau « produire plus pour pouvoir consommer plus, satisfaire nos besoins vite et sans trop d'efforts » pour être heureux et accomplis.[117]

La technique est comme une manière de qualifier nos agissements. Nous vivons à l'ère de la maîtrise

---

[116] Cf.Luc FERRY, *Apprendre à vivre. Traité de philosophie à l'usage des jeunes générations*, Paris, Plon, 2006, p. 239.

[117] Édith BLANQUET, *Apprendre à philosopher avec Heidegger*, ellipses, Paris, 2012, p.159.

technique qui décuple nos capacités corporelles et nous donne l'impression de réaliser tout ce que nous voulons. Dans la question de la technique, il se demande comment nous pouvons penser ce qu'elle dit de notre conception de l'être ? Couramment nous considérons la technique comme moyen que l'homme pense contrôler et dont il veut rester le maître, même lorsqu'elle lui échappe complètement. Peut-on considérer la technique uniquement comme un moyen pour l'homme sans obstruer l'essence même de celle-ci ? Le caractère instrumental de la technique est qu'elle se définit comme un rapport entre causes et fins.

Depuis Aristote, la philosophie distingue quatre causes : la cause matérielle ou le matériau pour réaliser quelque chose, la cause formelle ou la forme que cette chose prendra ; la cause finale c'est-à-dire, ce pour quoi cette chose est destinée ; la cause efficiente, c'est-à-dire l'artisan qui la met en œuvre[118]. En revanche, pour Heidegger, une cause c'est ce qui produit des effets, c'est aussi ce dont on répond, ce qui nous concerne et dont nous devons rendre compte par nos actes. Finalement ce qui est en cause, c'est ce qui fait venir quelque chose en présence, devant nous et donc quelque chose qui nous concerne directement. Or, produire, causer quelque chose c'est le faire apparaître à l'exemple d'un orfèvre qui, grâce à son art, met en œuvre une coupe d'argent.

En somme, la notion de cause évoque un acte dont on répond, un acte qui nous requiert pour permettre à

---

[118] ARISTOTE, *Physique*, livre II, chap.3, §§2-5. Voir aussi *Métaphysique*, livre V, chap.2, §§1-7.

quelque chose de venir à se manifester : « l'acte dont on répond a le trait fondamental de ce laisser-avancer dans la venue. »[119] Produire c'est faire venir à l'être : pro-duire, amener à l'avant. Le produire témoigne du sens grec de physis devenu notre physique et comprise par Descartes comme la *res extensa*. Le physis dans ce cadre, cherche ce qui va de l'avant, le jaillissant. Produire se rapproche ici du sens grec de *aletheia* compris comme dévoilement de l'être à découvert de l'étant : l'étant est compris comme ce qui se donne à voir, tandis que l'être demeure toujours en retrait. La technique est production en ce sens qu'elle est l'idée du dévoilement dont le processus est de mettre à l'avant, en présence. Rendre présent c'est causer, mobiliser (mettre en mouvement) ce qui produit.

Du grec *Technè* renvoie non seulement à l'artisan, mais aussi à l'art. C'est pourquoi nous disons avec Heidegger que la technique est production au sens de dévoilement plus que de fabrication. Que nous dévoile la technique ? Au dire de Heidegger, la production prend la forme de pro-vocation. La technique convoque la terre à livrer tout le stock d'énergie qu'elle contient. L'énergie cachée doit être « dé-voilée », c'est-à-dire extraite, accumulée, gérée selon les besoins pré-établis par les humains. La technique, chez Heidegger, a la particularité de concevoir la terre comme stock. Il ne s'agit pas de préserver une nature vivante conçue en lien avec le

---

[119] Martin HEIDEGGER, « La question de la technique » dans *Essais et conférences*, Gallimard, « Tel », n ° 52, Paris, 1958, p.15.

ciel comme le veut Jonas, mais de prélever l'énergie le plus rapidement possible et à moindre coût ; La seule manière de rendre la nature vivante c'est justement de « l'interpeller et la pro-voquer c'est-à-dire : obtenir, transformer, accumuler, forcer »[120] comme on force un cours d'eau dans une « conduite forcée » pour la fabrication de l'électricité. D'où le concept de *Gestell* qui signifie, placer debout devant soi pour arraisonner. Le *Gestell* est donc un dispositif de planification de la terre comme réservoir d'énergie utilisable pour l'homme ; la nature étant comprise comme un complexe des forces que nous arraisonnons. Heidegger ne se pose pas de questions éthiques du genre « est-ce bien ou mal d'arraisonner la terre ». Contrairement à son disciple, il ne s'attarde même pas à la conséquence de la pro-vocation et de l'arraisonnement sur l'humanité présente et à venir. À son avis, cela est normal. « L'idée est bien celle d'une mise en demeure dans laquelle ce qui est mis en demeure est du même coup forcé de prendre une certaine figure où, désormais réduit, il paraît comme tel. La nature mise en demeure doit fournir de l'énergie, comparaît désormais comme "réservoir d'énergie". »[121] Il s'agit moins de dominer la nature que de « maîtriser pour maîtriser, de dominer pour dominer[122] ». Le *Gestell* n'est donc pas un acte technique, mais la manière dont le réel se montre, et nous y sommes nous-mêmes convoqués. Nous ne le

---

[120] *Ibid.*, p. 163.

[121] Cité par Édith BLANQUET, *Apprendre à philosopher avec Heidegger*, ellipses, Paris, 2012, p.164.

[122] Luc FERRY, *op. cit.*, p. 243.

choisissons pas, ce n'est pas l'homme qui décide de son destin comme pour Jonas. Le destin est la manière dont l'être se donne à nous. Quand Heidegger parle de « l'extrême danger » qui nous menace, il s'agit moins d'un danger physique ou matériel que de la menace inhérente au dévoilement lui-même, car « tout se montrer » comporte toujours une part d'obscurité, voire de mystère. L'arraisonnement nous expose à un danger extrême qui requiert notre attention de ne jamais perdre de vue l'être. Peut-on pour autant affirmer que l'homme d'aujourd'hui n'a pas perdu son rapport à la question de son être ? Il se pourrait qu'on en arrive à oublier que tout faire est un mode de pro-duire, d'amener à la présence. Est-on toujours conscient du fait que nous habitons un monde et non un gigantesque réservoir d'énergie ? On ne se guérit pas de l'appartenance au monde[123]. Tient-on compte de la dimension éthique de notre existence ? On sait aujourd'hui, qu'avec les nanotechnologies, l'homme manipule tout, il est désormais pris dans une course en avant que rien pour l'instant ne semble arrêter. Notre époque est aussi celle de « l'absence de détresse » ; quand plus rien ne nous questionne, tout va de soi, on ne se scandalise plus, l'homme finit par manquer ou perdre le rapport à ce qui est propre, c'est-à-dire la question de son être. Personne n'a jamais vécu dans un univers infini. Nous vivons tous sur une terre dont on sait désormais qu'elle est finie et fragile. C'est pourquoi, si le Dasein est l'être-jeté

---

[123] Bruno LATOUR, *Face à Gaïa. Huit conférences sur le nouveau régime climatique*, La Découverte, Paris, 2015, p.22.

dans le monde, on peut toujours demander à Heidegger, de quel monde s'agit-il, quels sont les éléments constitutifs dudit monde ? Si on rompt les enveloppes protectrices de notre monde, la vie devient impossible et le monde cesse d'être monde pour les terriens (habitants de la terre).

II.5. DISCUSSION ENTRE GUNTHER ANDERS ET HANS JONAS AU SUJET DE LA TECHNIQUE

H. Jonas et G. Anders ont tous deux fréquenté les cours de M. Heidegger à Fribourg-en-Brisgau et ceux d'Édouard Spranger à Berlin jusqu'aux années trente. À en croire leurs correspondances[124], ils sont restés amis pendant plus de cinquante ans. Dans leurs philosophies, ils se sont attaqués aux mêmes questions sans avoir la même pensée. « [...] C'est ainsi qu'a commencé notre longue amitié qui a 55ans [...] nous avons suivi des chemins différents, mais pourtant remarquablement convergents [...] aussi bien sur les problèmes fondamentaux de la pensée que sur les problèmes (strictement) moraux.[125] À son tour, Anders dans une correspondance adressée à Jonas trois ans plus tard affirme : « Depuis que j'ai lu ton *principe responsabilité,* je ne peux dire qu'une chose :

---

[124] Correspondances inédites de Jonas et Anders couvrant les années 1974-1987 gardées aux archives philosophiques de l'Université de Constance, gérées par B. Uhlemann et G. d'Oberschlick). Nous trouvons l'essentiel de ces correspondances dans l'article de David Christophe ROPCKE DIRK, *Écologie* et politique 2/2004 (n° 29), pp.193-213.

[125] *Correspondance de Jonas à Anders* du 4 juillet 1977.

nous sommes du même bord, ou au moins emportés par le même courant[126] » ; il ajoute trois ans plus tard « Je t'ai écouté parler [...] de la responsabilité des scientifiques. Comme nos positions sont proches sur cette question[127] ! »Ces deux amis, disent-ils la même chose ? Vont-ils dans le même sens ? Ils traitent le même thème sans dire nécessairement la même chose. Anders écrit à Jonas, « In rebus religiosis, nous avons suivi l'un et l'autre des chemins très différents (pour autant que nous ayons un jour été d'accord sur ces questions, ce qui n'a jamais été le cas »[128]les deux amis dans leurs pensées vivent à la fois l'éloignement et la proximité, le désaccord et l'accord si bien que leur amitié permet aux points de désaccord d'apparaître au grand jour sans s'effondrer. En quoi sont-ils proches et/ou différents l'un de l'autre ? Quelle pensée développent-ils sur la technique ?

En général, Anders parle du principe de précaution pendant que Jonas plaide pour le principe responsabilité. Le premier (Anders) parle de l'autonomie de la technique et le second (Jonas) évoque l'autonomie de l'agir technique. Jonas parle également du rapport à la catastrophe à venir ; d'où l'infondabilité de l'éthique ancienne qui nécessite une application presque tyrannique d'une éthique de la responsabilité. Anders par contre parle du rapport à la catastrophe qui a déjà eu lieu ; d'où la réalisation authentiquement démocratique d'une éthique de la responsabilité.

---

[126] *Correspondance de Anders à Jonas* du 4 décembre 1980.
[127] *Correspondance de Anders à Jonas* du 12 août 1983.
[128] *Correspondance de Anders à Jonas* du 26 novembre 1976.

Dans *Principe responsabilité,* Jonas commence par « le décalage prométhéen » entre notre faculté de produire et notre imagination. Il explique la grandeur excessive de notre pouvoir par un excès de « notre pouvoir de faire » sur notre pouvoir de prévoir et notre pouvoir d'évaluer et de juger.[129] Quant à Anders, il décrit les prométhéens comme des êtres souffrant d'un complexe d'infériorité vis-à-vis de leurs productions[130]. Anders est un penseur de l'autonomie de la technique. Pour lui, la technique moderne, petit à petit finit par priver l'homme de sa liberté. En traitant l'homme comme un simple moyen ou comme une matière première, la technique moderne le déclare obsolète avant de rêver de le liquider à long terme. Si une liberté reste encore à l'homme pour Anders, ça sera celle de résister à (cette) technique qui travaille à le détrôner progressivement de sa fonction de sujet de l'histoire pour les remplacer.[131]

Pour Jonas, l'effet de l'histoire de la technique sur l'homme n'est pas irréversible. L'homme de la société industrielle comme la nôtre, est bel et bien le sujet à part entière de ses actions techniques.[132] Cet

---

[129] Hans JONAS, *Principe responsabilité, op. cit.,* p.58.

[130] Cf. Gunther ANDERS, *L'obsolescence de l'homme,* L'Encyclopédie des nuisances/Ivrea, Paris, 2002 ; il décrit l'homme qui ressent de la honte face à la machine (p.34-41), le malade qui se demande au seuil de la mort si les médecins ne pourraient pas lui donner un nouveau corps comme on remplace une ampoule électrique lorsqu'elle est grillée (p.71).

[131] David Christophe ROPCKE DIRK, *Écologie* et politique 2/2004 (n° 29), pp.193-213.

[132] Hans JONAS, Principe responsabilité, p.65.

homme-là n'est pas le sujet pris dans son individualité, il est un « agent collectif »[133] ; d'où la nécessité d'une éthique. Pour Anders, la technique traite littéralement l'homme comme une matière première, donc elle est destructrice en soi. Quant à Jonas, la capacité destructrice de la technique est décrite en termes de possibilité sans être des conséquences pratiques. Contrairement à ce qu'on pourrait penser de prime abord, Jonas ne veut pas que les pays industrialisés sortent de la technique. C'est ainsi que, concernant le réacteur nucléaire (pour ne citer que cet exemple), dans une correspondance à Anders il déclare : « je ne suis pas tout à fait d'accord avec toi (et d'une manière générale avec ceux qui s'y opposent). Que l'énergie nucléaire, une fois découverte, ne puisse pas être utilisée par l'homme, cela me semble déraisonnable et même extrêmement irréaliste [...] En agissant ainsi, vu l'avenir énergétique de la planète, nous nous condamnons tout simplement à échouer »[134]. Pour lui, ce qui a été découvert doit être utilisé sous peine de tomber dans la déraison. Anders par contre se montre au début beaucoup plus méfiant envers le nucléaire. Dans sa réponse à Jonas un mois plus tard, il planche pour un moratoire. « La question [...] est bien trop complexe pour être ainsi traitée [...] (je préconise) un moratoire, au moins jusqu'au jour où l'on aura trouvé une solution au problème du traitement des déchets

---

[133] *Ibid.*, p.37.

[134] Correspondance de Jonas à Anders, du 20 avril 1977.

radioactifs »[135]. Plus tard, il va presque botter en touche : « ce qui peut être fait doit l'être et, une fois que c'est fait, il ne faut pas s'interdire de l'utiliser »[136]. Donc le réalisme de Jonas consiste à se prononcer en faveur de l'énergie nucléaire au nom du « principe de la responsabilité », c'est-à-dire l'accepter au nom des besoins énergétiques des générations futures. Tandis que le même réalisme de Anders, au nom du « principe de précaution » consiste à proposer un moratoire suspendant l'usage de l'énergie nucléaire jusqu'au jour où les incertitudes au sujet du traitement et de la gestion responsable des déchets toxiques seront levées. L'un propose une critique radicale de la technique moderne et l'autre propose une critique qui se veut beaucoup plus nuancée, sélective et modérée. Il s'en suit alors deux images différentes. D'une part, avec Anders l'homme perd peu à peu de sa liberté au profit de la technique, sa seule issue est de résister à la technique. D'autre part l'homme reste autonome avec une capacité de se fixer librement des entraves tout en croyant aux chances de réussir un projet de réforme à la fois éthique et politique. C'est la position de Jonas.

[135] Correspondance de Anders à Jonas du 2 mai 1977.

[136] Gunther ANDERS, *Die Antiquiertheit des Menschen*, Bd. 2, Beck, Munich, 1982, p.17 cité par David Christophe RÖPCKE DIRK, *Écologie* et politique 2/2004 (n° 29), pp.193-213.

II.6. ENTRE NATURE ET CULTURE HUMAINE : JAMAIS L'UNE SANS L'AUTRE

Entre la technique et la nature, entre la pensée de Jonas et celle d'Anders, faut-il choisir ? Une des caractéristiques de la modernité est de poser l'extériorité de l'homme à la nature. Nous connaissons la nature des faits, parce que nous les avons élaborés dans des circonstances que nous contrôlons parfaitement[137]. Le laboratoire par ce fait, est le lieu d'une maîtrise conceptuelle, instrumentale et sociale de la nature. Cette maîtrise est transposée par la modernité dans les rapports techniques de l'homme à la nature. Comme le constatait Larrère, « au fur et à mesure que progressent les sciences et les techniques, les hommes se rendent maîtres de la nature, et construisent autour d'eux-mêmes une technosphère, faite d'objets, d'instruments, de véhicules, de bâtiments, de cités, mais aussi de champs et de forêts que les hommes plient à leur utilité[138] ». N'est-ce pas un signe précurseur de la victoire de l'artifice ? La conception de la toute-puissance de la science expérimentale et des techniques qui en découlent, a eu beaucoup de partisans.

Parmi eux Dagognet pour qui, « au lieu de chercher à examiner ce qui est, (la science) apprend à le construire. […] Le faire se substitue à l'être, la nature devient plus ce qu'on invente, que ce que l'on explore

---

[137] Bruno LATOUR, *Nous n'avons jamais été modernes, op. cit., p. 21.*
[138] Catherine et Raphaël LARRERE, *op.cit*, p. 155.

[…] Le laboratoire créé, il ne contemple plus »[139]. Cette planète qui est jour et nuit observée du nord au sud et de l'est à l'ouest, a été réduite à un vaste champ d'expérimentation. Il n'est ni plus ni moins qu'un laboratoire. Que devient la nature dans ce cas ? Existe-t-elle encore ou pas ? Il semble que depuis l'origine lointaine de l'humanité jusqu'à nous les « surhommes », il n'y a plus de lieu où « la main de l'homme n'ait jamais mis les pieds »[140]puisque les systèmes écologiques de la planète sont déjà anthropisés. La nature vierge demeure un mythe, car nous vivons désormais entourés des paysages, façonnés par des générations de paysans, si bien que la nature pure sans artifice n'existe plus. Serait-ce une façon d'affirmer que tout est artifice ? Si tout ne l'est pas, tout peut être susceptible de le devenir. Cette négation de la nature une fois admise, fait venir au grand jour, le triomphe de la modernité. Existe-t-il une nature sans l'homme ? Si l'on admet que la nature préexiste à l'homme, on reconnaît toutefois qu'au stade actuel, nature et culture « sont […] ensemble, aussi inséparables que des frères siamois qui se feraient des caresses ou se battraient à coup de poing sans cesser de partager le même tronc »[141]. Doit-on les séparer au risque de perdre les deux ? Quant à la nature, « qu'est-elle elle-même ou que serait-elle sans l'homme ? […] Si d'un côté le monde nous devance et semble pouvoir se dresser sans nous, voire contre

[139] François DAGOGNET, *Nature*, *op. cit.*, p. 231-232.
[140] Cf. Hergé dans son œuvre *Tintin sur la lune*
[141] Bruno LATOUR, *Face à Gaïa... op.cit.,* p.25.

nous, il court rapidement à sa perte si nous ne l'entretenons pas »[142]. S'inscrivant dans la ligne droite de Diderot, Kant et Buffon, Dagognet n'exclut pas le fait que la nature sans la technosphère qui la stimule, puisse ne pas exister. Cette prise de position n'est pas sans conséquence.

Si la nature n'existe pas, c'est qu'elle est une construction sociale : elle est donc notre œuvre, avec comme conséquence que la contingence humaine doit tout envahir. Il n'y a plus d'un côté l'objectif et de l'autre le subjectif, le naturel et l'artificiel ; on est tout simplement dans le monde de l'artifice. On n'a donc plus besoin d'avoir recours au concept de nature pour appréhender la crise environnementale. À dieu la nature, il faut la congédier, car son temps est fini. Si l'homme proclame la mort c'est qu'il est « un être d'anti-nature » qui s'arrache à celle-ci et se sent réalisé en la transformant par son travail. Il bouleverse, détruit et perturbe les équilibres naturels.

Nous avons construit beaucoup d'objets, d'instruments, des usines, des villes, des autoroutes, des avions, etc. Qu'allons-nous faire de cette technosphère qui s'étend sur toute la terre et dont les hommes sont plus que jamais dépendants ? Beaucoup d'objets, de produits, ou de sous-produits échappent à notre maintenance. Certains de ces objets dont nous nous débarrassons, restent en circulation dans la nature. Les déchets et détritus, les épaves de matériel, le gaz d'échappement des voitures, nos pesticides, et les fumées d'usines, … Tous ces produits ont un

[142] François DAGOGNET, *Nature*, *op.cit.*, p.214-215.

avenir naturel que nous ne maîtrisons pas. Afin de comprendre les transformations de l'état du monde, introduites par les activités humaines, il faut se donner les moyens d'appréhender les phénomènes qu'on ne saurait décrire, sans prendre en compte un grand nombre de variables interdépendantes. Si nous voulons comprendre et contrôler cet environnement où l'on ne peut plus dissocier nature et artifice, nous devons choisir d'appréhender le complexe. À la question de savoir si l'on peut congédier le concept de nature, nous pensons avec Dagognet qu'« on ne peut pas s'en passer entièrement (puisque) au moment même où l'on croit la quitter, on s'en inspire »[143]. Cette notion de nature, aussi tenace soit-elle, polémique ou encore sans fondement, elle nous rend malgré tout de bons services. Nous pouvons en profiter en l'utilisant moins comme un argument anti-technologique que comme une manière de moderniser l'industrie et de la replacer dans un ensemble qu'elle risque d'oublier. Comment sauver l'environnement et protéger l'homme ? Un fait vrai est que la nature existe et toute notre technique la menace. Il n'est pas question d'abandonner le concept de nature ou d'en faire un usage idéologique ou instrumental. Quelle que soit l'ambition démesurée de l'homme, la compréhension complète de la nature et sa maîtrise absolue lui resteront utopiques, comme l'est une société sans classe, sans conflit ou encore une fin de l'histoire.

---

[143] *Ibid.*, p. 140.

Être réaliste aujourd'hui c'est reconnaître que nous ne pouvons plus concevoir l'extériorité de l'homme et de la nature. L'homme, la société, et ses activités sont tous en continuité avec la nature. Cette nature qui comprend (au sens de prendre avec soi) toutes nos œuvres techniques, ne peut plus nous être extérieure. Elle comprend à la fois, celles qui nous échappent et le paysage que nous contribuons à façonner. D'où la nécessité d'associer au principe de précaution, celui de la responsabilité pour arriver à la conservation de notre maison commune.

Chapitre III

POUR UNE POLITIQUE DE LA CONSERVATION DE NOTRE MAISON COMMUNE

> *Ça n'arrête pas, chaque matin ça recommence. Un jour c'est la montée des eaux ; un autre, la stérilisation des sols ; le soir c'est la disparition accélérée de la banquise ; au journal de vingt heures, entre deux crimes de guerre, on nous apprend que des milliers d'espèces vont disparaître avant même d'être proprement répertoriées ; chaque mois, les mesures du CO_2 dans l'atmosphère sont plus mauvaises encore que celles du chômage ; chaque année qui passe on nous apprend que c'est la plus chaude depuis la fondation des stations météorologiques ; le niveau de mers ne fait que monter ; le trait des côtes est de plus en plus menacé par les tempêtes de printemps ; quant à l'océan, chaque campagne de mesure le trouve plus acide*[144].

Dans son Encyclique *Laudato Si* sur la sauvegarde de la maison commune, publiée le 24 mai 2015, le pape François compare la Terre à une « maison commune », « une sœur avec qui nous partageons l'existence », « une mère qui nous soutient et nous

[144] Bruno LATOUR, *Face à Gaïa. Huit conférences sur le nouveau régime climatique*, Paris, La Découverte, 2015, p.15-16.

gouverne. »[145] La maison est avant tout un lieu de sécurité. De son étymologie (*oikos)*, elle est de la même famille que les mots *économie* ou encore *écologie* et suppose dès le début l'idée de gestion et de bon usage. La Terre comme l'environnement, nous fait remarquer le pape, est un « bien collectif, patrimoine de toute l'humanité, sous la responsabilité de chacun. Celui qui s'approprie quelque chose, c'est seulement pour l'administrer pour le bien de tous (n° 95). Le Saint-Père souligne ensuite le danger de certaines tendances qui considèrent certaines créatures de ce monde comme « un bien sans propriétaire » (n° 89) et pourtant « la fin ultime des autres créatures ce n'est pas nous » (n° 83), car même la vie éphémère de l'être le plus insignifiant est l'objet de l'amour de Dieu (n° 76). En cette époque où le pouvoir technologique nous met à la croisée des chemins, comment s'orienter sans s'égarer ni égarer les autres créatures ? La Terre est « ce sur quoi nous reposons », car elle nous soutient et « ce sous quoi nous nous trouvons » et que nous avons à honorer parce qu'elle nous gouverne. La sagesse voudrait que les « humains » se reconnaissent « prisonniers de la Terre » parce qu'il n'est pas possible de s'en échapper et ça ne sera pas possible avant plusieurs générations. Ce chapitre veut dépasser le dualisme gnostique (1e chap.) et le pessimisme technologique ou la technophobie (2e chap.) pour postuler l'habitabilité du monde grâce à la complicité entre la technologie et la conservation de la nature. La finalité est de passer du

---

145 PAPE FRANÇOIS, *Laudato si*, n° 1.

monde considéré par la gnose comme « maison de la mort » à un monde vu comme « maison commune » de la vie.

III.1. JONAS ET LE TOURNANT ÉTHIQUE

L'éthique environnementale de Jonas, est-elle une éthique du futur ? Que nous réserve ce futur et comment y faire face ? Évoquer le futur c'est être amené à parler de « l'à venir de l'avenir » qui se caractérise d'après Jacques Attali par sept avenirs possibles : l'« hypermodernité », la « modernité », la « retromodernité », l'« ethnomodernité », l'« écomodernité », la « théomodernité » et l'« altermodernité »[146].

Avec la parution en 1979 du *Principe responsabilité,* Jonas marque un tournant de l'ancienne éthique et jette les bases d'une nouvelle. À la différence de l'ancienne dont la responsabilité était juridique (son fondement était dans les obligations passées ou présentes), la nouvelle éthique trouve maintenant sa source dans le futur en ce sens que « l'avenir de l'humanité doit nous tenir à cœur »[147]. Ce franchissement de l'éthique kantienne s'explique en partie par les menaces issues de la puissance de la technologie engendrée par l'homme. Dès lors, au nom d'une obligation que nous avons (de protéger l'humanité) non seulement à l'égard du passé et du présent, mais aussi du futur, l'agir humain doit être en

[146] Jacques ATTALI, *Histoire de la modernité*, Paris, Flammarion, coll. « Champs », 2015, p.166. Pour l'explication des concepts ci-haut cités, se rapporter aux pp.167-188.
[147] Hans JONAS, *Le principe responsabilité, op. cit.*, p. 64.

adéquation avec l'équilibre écosystémique ; l'homme doit agir en responsable dès aujourd'hui parce que son oubli entraînant son inaction peut se révéler fatal pour les générations aussi bien présentes que futures.

L'éthique jonassienne de l'environnement se veut avant tout celle qui intègre la biosphère et la nature dans sa globalité. Tout se passe comme si son « anthropocentrisme biocentrique » visait à préserver la vie dans ses différentes modalités, qu'elle soit humaine, animale ou encore végétale. Sa finalité est de parvenir à préserver l'humanité. Celle-ci étant de loin plus vaste que l'homme, sans la nature et le respect de ses règles, ne peut pas perdurer. La première règle de l'éthique environnementale consiste à prôner la préservation de la nature, en vertu de la complicité et de la dépendance qui existent entre l'être humain et les éléments naturels. Préserver la nature c'est se donner les moyens de préserver les conditions d'existence de l'humanité, pourvu que les actions réalisées par l'homme soient responsables, c'est-à-dire qu'elles préservent les conditions d'existence de l'humanité.

Dans ce cas d'espèce, la nature de l'agir humain soupçonné d'être dangereux pour son possesseur lui-même du fait de la puissance technologique qu'il a créée, doit être remise en question. L'homme qui aujourd'hui, veut contrôler la nature par la puissance technique qu'il ne maîtrise pas ou qu'il a du mal à contrôler, doit-il continuer de se fier à la technique comme moyen de sortie de la crise écologique ou doit-il s'en méfier du fait que la technique a contribué largement à la détérioration des conditions de vie sur notre planète ? Le moins que l'on puisse dire est qu'il existe de nombreuses incertitudes et limites des savoirs scientifiques sur l'effet futur de nos actes. Si la *technè* est du moins pour le moment, à la base de la dégradation environnementale, ce n'est pas sûr qu'elle pourra être en même temps un remède efficace contre la maladie qu'elle aura elle-même fait naître.

Pour limiter les dégâts, barrer la route au danger, Jonas propose l'heuristique de la peur. Il ne s'agit pas d'une simple crainte qui pousse à la résignation, mais d'une « peur qui fait essentiellement partie de la responsabilité » ; non pas « celle qui déconseille d'agir, mais celle qui invite à agir »[148]. La peur que préconise l'auteur a un côté pragmatique, elle pousse à passer à l'action comme pour un nourrisson dont le maintien en vie ne tient que par l'action de sa mère. Peur non pas de mourir parce que « je suis mourant », mais celle de laisser mourir ou de voir mourir autrui et toute l'humanité avec lui sans rien faire pour empêcher cela. On pourrait m'accuser de non-assistance de la personne en danger ou d'homicide par négligence. De ce fait, les générations présentes ont le devoir d'anticiper les menaces issues de leur toute-puissance au nom d'une obligation provenant de l'avenir et qui peut se formuler ainsi, « laissez être les générations futures ». C'est pourquoi dans la conception jonasienne, la responsabilité à l'égard des générations futures est infinie dans le temps. Elle doit se perpétuer des générations en générations. Ceci légitime l'intervention éthique, celle qui régule le

[148] *Ibid.*, p.300.

pouvoir d'action des individus en tant qu'êtres capables de rendre compte de leurs actes : « Agis de façon que les effets de ton action soient compatibles avec la permanence d'une vie authentiquement humaine sur terre »[149]. Cette obligation qui découle du *Principe responsabilité*, implique à la fois les générations présentes et futures dans une relation quasiment continue. Et pourtant, il existe une rupture temporelle des droits et obligations envers les générations futures parce que nous avons conscience de l'effet de leurs actions dans le futur, mais les générations futures ne peuvent ni revendiquer des droits, ni respecter des obligations à l'égard des générations présentes[150].

Il y a donc rupture avec la réciprocité qui lie traditionnellement obligations et droits. Cette obligation a comme conséquence majeure, l'impossibilité d'envisager la justice intergénérationnelle sur base d'une justice redistributive entre les générations. Toute ressource environnementale détruite ou dégradée du fait des actions humaines présentes, ne pourra pas faire l'objet d'un échange intergénérationnel. Seul le recours à l'impératif jonassien permet d'éviter que les actions entravent les possibilités futures de la vie humaine sur terre.[151] À la première obligation, on peut en ajouter une seconde qui indirectement fonde la justice environnementale

[149] Cf. les différents impératifs évoqués par Jonas, *op.cit.*, p.28.
[150] Sylvie FERRARI, « Éthique environnementale et développement durable : Réflexion sur le Principe Responsabilité de Hans Jonas », *Développement durable et territoires*, vol. 1, Décembre 2010, p. 6.
[151] *Ibid.*, p. 7.

chez Jonas. En effet, les éléments de la nature contribuent à la préservation des conditions d'existence de l'humanité. Pour cela, ils doivent faire l'objet d'une obligation de la part des sociétés humaines. Ces objets naturels ne doivent pas seulement être considérés comme des ressources à exploiter parce qu'ils sont dotés d'une valeur intrinsèque de non-usage. Toutes ces valeurs associées aux éléments de la nature doivent être préservées pour l'ensemble des générations. Car le bien-être des générations à venir dépend explicitement de la qualité de l'environnement naturel : « [...] la solidarité de destin entre l'homme et la nature, solidarité nouvellement découverte à travers le danger, nous fait également redécouvrir la dignité autonome de la nature et nous commande de respecter son intégrité par-delà l'aspect utilitaire »[152]. Cette harmonie entre les êtres vivants, humains et non humains est la seule garantie de la survie des espèces en général et de celle de l'espèce humaine en particulier. Faire de la nature l'objet de responsabilité humaine, c'est préserver cette harmonie dont dépendent tous les êtres. Il ne s'agit pas pour Jonas de faire de la nature un sujet de droit en lui donnant des obligations et des devoirs[153] à l'égard de l'humanité. La finalité de l'auteur est de proposer une éthique environnementale qui interpelle les activités économiques et critique l'action de la technique sur

---

[152] Hans JONAS, *ibid.*, p. 188.
[153] Cf. Luc FERRY, *Le Nouvel ordre écologique. L'arbre, l'animal et l'homme*, Paris, Grasset & Fasquelle, 1992, pp.117-118.

l'environnement. Comment concilier développement durable et protection environnementale à partir du *Principe responsabilité* ?

Chez Jonas, l'obligation de préserver l'humanité de toute disparition relève de l'impératif catégorique. Par argument éthique, l'auteur doit démontrer que « l'humanité doit être » dans un environnement viable et cela doit se traduire par une éthique intergénérationnelle. Il existe chez Jonas une asymétrie qui conduit à favoriser les générations futures. Il veut que les générations présentes consentent des sacrifices au profit de celles qui suivront. Cette solidarité intergénérationnelle portée par le *Principe responsabilité* pousse Jonas à accepter l'inégalité intrinsèque qui peut exister entre les générations successives. Leur appartenance à des moments différents et distincts leur donne une posture d'inégalité en termes de droits et de devoirs.

III.2. POUR ET CONTRE L'ÉTHIQUE

Dans les lignes qui suivront, nous allons comparer Jonas à son contemporain et ami Anders. Comme nous l'avons évoqué précédemment, l'éthique Jonassienne est une éthique du futur qui milite pour « la permanence d'une vie authentiquement humaine sur terre ». Cette éthique n'est pas partagée par Anders. Pour l'auteur de *L'Obsolescence de l'homme*, la destruction de la vie a déjà commencé avec l'évènement Auschwitz et Hiroshima. À quoi bon prévenir la catastrophe, puisqu'elle a déjà eu lieu. D'où sa célèbre formule empruntée de Robert Jungk :

« le futur a déjà commencé »[154]. Puisque la catastrophe a déjà commencé, il existe aussi déjà des coupables quoiqu'il soit difficile d'établir leur culpabilité et de leur imputer l'entière responsabilité de leur faute ; car ils ne sont pas autonomes dans leurs actes, mais de purs produits de la technicisation de l'existence », ils sont des « coupables innocents »[155]. Avec le bombardement d'Hiroshima, le futur a commencé, il n'est plus ouvert, il est donc devenu un délai. On ne peut plus vivre sans souci dans un futur idéal qui désormais appartient au passé. Dire que le futur a déjà commencé, c'est en même temps reconnaître qu'il « a déjà pris fin »[156]. Si Anders conçoit le futur comme un délai, n'enlève-t-il pas à l'action toute nécessité ? À quoi bon agir si ce qui arrivera est déjà arrivé ? Pourquoi protéger encore la nature si le processus de sa destruction est déjà entamé ? Probablement Anders n'a pas voulu enlever à l'action sa nécessité, mais il lui donne un nouveau sens. L'action n'est plus une action libre (au sens kantien), mais un acte de résistance. Même si notre époque n'est plus qu'un délai, il nous appartient toujours de prolonger celui-ci. À la différence d'Anders, Jonas ne fait pas une philosophie de l'histoire. Pour lui, le futur est une nécessité anthropologique, une ouverture où l'homme

---

[154] Gunther ANDERS, *Avoir détruit Hiroshima*, Paris, Robert Laffont, Paris, 1962, p. 51.

[155] *Ibid.*, p. 27.

[156] ID., *Die Antiquiértheit des Menschen*, Bd. 2, Beck, Munich, 1992, p. 278 cité par David Christophe, Röpcke Dirk, « Gunther Anders, Hans Jonas et les antinomies de l'écologie politique », *op. cit.*, p. 10.

autonome a toujours de l'espace pour réaliser librement ses projets.

Dans son éthique du futur, Jonas donne à la responsabilité la forme d'une obligation vis-à-vis des générations futures : « une obligation à l'égard de ce qui n'existe même pas encore et ce qui 'de soi' ne doit pas non plus être, ce qui du moins n'a pas droit à l'existence, puisque cela n'existe pas »[157]. Pourquoi devons-nous agir à tout prix ? C'est au nom de ce que Jonas appelle l'effroi et le remords par anticipation : « c'est (l') accusation selon laquelle ces êtres futurs seront nos victimes qui nous rend tout d'abord moralement impossible la mise à distance égoïste du sentiment qu'on s'autorise généralement dès lors qu'il s'agit d'une situation ne nous touchant que de très loin. 'Cela ne doit pas avoir lieu ! Nous ne pouvons pas admettre pareille chose ! ', nous hurle dans les oreilles l'effroi qu'éveille en nous la simple imagination de ces êtres eux-mêmes terrifiés. Une crainte désintéressée de ce qui adviendra longtemps après nous, nous envahit alors comme un pur réflexe de décence et un mouvement de solidarité vis-à-vis de la communauté de l'espèce, bien qu'aucune sanction métaphysique ne nous y oblige »[158]. Pour éviter d'être les bourreaux des êtres futurs, nous devons faire usage d'une éthique solide, une culture et une éducation

[157] Hans JONAS, *Le Principe responsabilité*, p. 41.

[158] Hans JONAS, *Philosophisce Untersuchungen und metaphysische vermuntungen*, Suhrkamp, Francfort-sur-le-Main, 1994, p. 141 Cité par David Christophe, Röpcke Dirk, « Gunther Anders, Hans Jonas et les antinomies de l'écologie politique », *op. cit.*, p. 10-11.

responsables privilégiant la vie des êtres dans sa globalité.

À en croire son sous-titre, *le Principe responsabilité* de Jonas veut fonder une éthique pour la civilisation technologique pendant que Anders estime utopique toute entreprise visant à fonder une quelconque éthique : « Puisque le 'devoir-être' du monde ne peut pas être fondé ; et puisqu'il n'y a pas ou ne peut pas y avoir en outre de commandement ou d'interdit moral fondé (sur un principe transcendant) ou déduit (d'un tel principe), dans la mesure où ils renvoient tous aux rapports internes au monde et à l'humanité ; les uns et les autres sont par conséquent non obligeants et l'éthique reste donc une entreprise utopique »[159]. La philosophie pratique de Jonas veut renouer avec l'habitude classique de fonder l'éthique sur la métaphysique. Il n'entend pas à l'exemple de son maître Heidegger, réaliser le « dépassement de la métaphysique ». Bien au contraire, lui le « vieil ami de la métaphysique »[160] veut l'actualiser et lui donner un contenu nouveau : « la métaphysique est aujourd'hui tombée en discrédit, mais nous ne pouvons plus nous passer d'elle et devons donc à nouveau nous risquer sur ses chemins. Car elle seule peut nous dire pourquoi l'homme doit être [...] et aussi comment il doit être, s'il veut honorer et non pas rendre caduque la raison pour laquelle il doit précisément

[159] Gunter ANDERS, *Philosophische Stenogramme*, Beck, Munich, 1993, p. 48.
[160] Hans JONAS, *Le Phénomène de la vie*, op. cit., p. 252.

être »[161]. L'objectif visé par Jonas est de fonder une métaphysique post-aristotélicienne, contre le monde moderne dominé par le subjectivisme cartésien. Ainsi doit-il construire sur la métaphysique, une nouvelle éthique qui prend en compte les obligations envers les générations futures. Sa biophilosophie s'inscrit dans une continuité ontologique de l'organisme et de l'esprit qui fait de l'éthique une partie intégrante de la philosophie de la nature.[162] Contre l'anthropocentrisme moderne de Descartes en métaphysique ou de Kant en éthique, l'auteur de *Principe responsabilité, «* veut relocaliser la fondation du 'devoir', depuis l'ego de l'homme, où elle a été reléguée dans la nature de l'être en général »[163].

Quant à Anders, sa philosophie est aux antipodes de l'éthique jonasienne. Son « nihilisme » éthique se vérifie par « la négation de l'existence de Dieu », l'affirmation de « l'impossibilité de fonder théoriquement la nécessité d'une survie de l'humanité » et le refus de considérer la nature comme « sacrée » avec « l'obligation de la conserver dans sa pseudo-intégrité »[164]. Il refuse de fonder toute éthique ; d'ailleurs il combat les éthiques explicites ou implicites de son époque. Ainsi, il en critique deux métaphysiquement fondées qui s'inscrivent dans une continuité et veulent nous imposer leurs commandements. À l'ontologie de l'économie qui s'adresse à

---

[161] Hans JONAS, *Philosophisce Untersuchungen und metaphysische vermuntungen, op. cit.,* p. 136, cité par David Christophe, Röpcke Dirk, p. 12.

[162] ID. *Le phénomène de la vie, op. cit.*, p.28.

[163] *Ibid.*, p.282.

[164] David CHRISTOPHE, Röpcke DIRK, *art.. cit.*, p. 14.

chacun d'entre nous en lui disant : « Exploite tout »[165] et à la morale de la société de consommation qui s'énonce de la manière suivante : « Apprends à avoir besoin de ce qui t'es offert ! »[166], Anders doit trouver des contre-éthiques qui mises ensembles, forment une « éthique de la technocratie »[167]. Étant donné que, dans un environnement technicisé, l'homme perd petit à petit sa position de sujet, en se faisant remplacer par la technique, c'est désormais elle qui, dans son autonomie énonce « les impératifs moraux d'aujourd'hui »[168] ; les commandements et les interdictions qu'elle adresse aux hommes sont ceux contenus dans leurs productions. Pourquoi Anders moraliste, critique-t-il l'éthique ? Ce qui distingue le moraliste de l'éthicien c'est le fait que le moraliste tient compte de l'évolution (historique) des mœurs qu'il observe. Alors que l'éthicien dont Kant ou Jonas est le porte-étendard, ne formule qu'un seul et unique impératif, qui doit, en tant qu'il est universel, valoir en tout temps. Pendant que le moraliste peut toujours ajuster, corriger et revenir sur ses formules, l'éthicien décrète une fois pour toutes, une norme.

C'est ainsi que dans le premier tome de *L'Obsolescence de l'homme* (1956), Anders invitait les consommateurs à résister à l'impératif éthique « apprends à avoir besoin de ce qui t'est offert ». Il lui oppose un contre-impératif : « Ne possède que des choses dont les maximes d'action pourraient également devenir les maximes de ta propre

---

[165] Gunther ANDERS, *L'obsolescence de l'homme*, *op cit*., p. 212.
[166] *Ibid*., p.197.
[167] Cf. D. Christophe et R. Dirk, *art. cit*., p. 15.
[168] Gunther ANDERS, *Die Antiquiértheit des Menschen, op. cit.,* p.17.

action »[169]. Plus de vingt ans plus tard dans le deuxième tome de *L'obsolescence de l'homme* (1978), face à l'éthique de la technocratie qui nous enjoint ce qui suit : « Agis de façon que la maxime de ton action puisse être celle de l'appareil dont tu fais ou vas faire partie »[170], Anders prône la résistance contre celle-ci. Si l'éthique de la technocratie se durcit, la morale de la résistance doit à son tour se radicaliser et au besoin recourir à la légitime défense à l'instar de la loi du talion : « [...] Démolissez ceux qui sont prêts à vous démolir »[171]. La morale du moraliste, au lieu de s'adapter à la situation historique, elle, la radicalise.

Même si Anders se revendique moraliste en lieu et place d'éthicien, il ne reste pas moins éthicien. En effet, en combattant les impératifs éthiques qui se prétendent universels et généraux, il met également en place d'autres impératifs qui, à la différence des premiers, sont formulés négativement. Le fait d'imposer une chose et d'interdire la même chose répond aux mêmes critères éthiques. Demandons-nous à présent, quelles sont les implications politiques des idées de l'un et de l'autre.

---

[169] ID., *L'obsolescence de l'homme, op. cit.*, p. 331.

[170] ID., *Die Antiquiértheit des Menschen, op. cit.*, p.290.

[171] ID., *Gewalt-ja oder nein*, Knaur, Munich, 1987, p. 151, cité par David CHRISTOPHE, Röpcke DIRK, p. 16.

III.3. IMPLICATION POLITIQUE DE L'ÉTHIQUE DE LA RESPONSABILITÉ

Commençons par une précision dans le concept : Par politique nous n'entendons pas seulement l'art de gouverner la cité, mais surtout, la composition progressive d'un monde commun. Nous partons du principe que le monde commun n'est pas donné à l'avance, il faut le constituer. Le monde est toujours déjà-là mais pour nous être commun, nous devons le composer. Face aux disputes sur le climat et sur comment gouverner (politiquement et écologiquement), la question doit être envisagée en termes de vie ou de mort : Qu'est-ce que je suis prêt à défendre ? Qui ou quoi suis-je prêt à sacrifier ? L'une des façons de constituer un monde commun est de chercher ensemble des solutions aux problèmes qui se posent à nous. Parmi ces problèmes, nous avons le réchauffement climatique.

Hobbes sans le savoir, fut le premier à décrire l'état de nature qu'il plaçait dans un passé mythique, avant le contrat social : « Aussi longtemps que les hommes vivent sans un pouvoir commun qui les tienne tous en respect, ils sont dans cette condition qui se nomme guerre, et cette guerre est guerre de tous contre chacun »[172]. Il est fort remarquable que l'état de nature situé jadis dans un passé « u-topique », s'approche de nous pour devenir petit à petit notre présent. Pire encore, si l'homme n'exerce pas sa capacité d'inventivité, cet état pourrait bien devenir notre futur. Dans un contexte d'absence de « pouvoir commun » pour tenir en respect la nature et ses lois,

---

[172] Thomas HOBBES, *Léviathan*, 1971, Chapitre 13, p. 124.

nous risquons la guerre de tous contre chacun où les protagonistes ne seront pas seulement des « loups contre les agneaux », mais également le thon et le CO_2, le niveau de la mer, les nodules des plantes ou les algues, en plus de nombreuses factions d'humains en désaccord sur à peu près tout[173]. Les premiers belligérants dans cette guerre sans fin sont les hommes : « Il peut sembler étrange, à celui qui n'a pas bien pesé ces choses, que la nature puisse ainsi dissocier les hommes et les rendre enclins à s'attaquer et à se détruire les uns les autres »[174].

Aujourd'hui nous le savons mieux qu'hier, la nature divise, elle divise radicalement les climatosceptiques et les optimistes, ainsi que les membres de chaque faction entre eux. Plus les jours passent, plus l'espoir d'aboutir à un « contrat social » s'éloigne. Que suis-je prêt à défendre ? Et au prix de quel sacrifice ? Nous allons montrer comment Jonas et Anders ont vécu cette tension sur un problème commun. Comment envisagent-ils l'un et l'autre la réalisation politique d'une éthique de la responsabilité ?

III.3.1. Jonas et la tyrannie bienveillante

Jonas fait observer que l'articulation entre la technique, l'éthique et la politique a changé de sens de l'Antiquité grecque au monde moderne. Dans la cité de la Grèce antique, la politique n'était pas comme aujourd'hui, un simple moyen pour l'application des règles d'une éthique individuelle et anthropocentrique,

---

[173] Bruno LATOUR, *op. cit,* p.294.
[174] Thomas HOBBES, *op. cit.*, p. 125.

car l'éthique de la responsabilité « s'adress[ait] beaucoup plus à la politique publique qu'à la conduite privée »[175]. La technique elle-même a changé l'essence fondamentale de la politique, en devenant la vocation de l'homme. Qui sont les véritables responsables de l'action politique ? S'agit-il d'un « je » individuel, d'un « nous » collectif ou d'un « on » irresponsable ? Les sujets ayant renoncé à être des « je » individuellement responsables et à se regrouper en un « nous » collectivement responsables, se sont rabattus sur un « on » totalement irresponsable, souvent identifié à l'homme d'État. Celui-ci devient concrètement, le seul responsable de l'action technique, en lieu et place de « sujets » qui préfèrent se cacher derrière le « on », figure de l'irresponsabilité collective et anonyme. Si l'agent réel des actions techniques n'est pas un agent collectif, mais le « on », par conséquent, nul ne peut encore agir individuellement de façon responsable. C'est la chute dans l'inertie, renoncement aux devoirs qui sont les nôtres, transfert de ces derniers au Léviathan qui à la fois représente l'institution et ne représente personne en particulier.

Pour éviter cette dérive, Jonas donne des orientations dans *Le Principe responsabilité*. Partant de la *realpolitik* qui considère le monde comme il est et non comme il devrait être, il cherche à trouver le système politique qui convient le mieux à la sauvegarde de la nature. C'est pourquoi il pose des questions : « Du marxisme et du capitalisme, lequel peut le mieux parer au danger (environne-

---

[175] Hans JONAS, *Le Principe responsabilité*, *op. cit.*, p. 41.

mental) ? »[176]. Jonas s'inscrit ici dans une sorte de théodicée où il faut choisir le meilleur de deux « mondes possibles », auquel on peut appliquer l'éthique de la responsabilité. Il sait que dans le capitalisme libéral, l'économie est dominée par la recherche effrénée du gain pouvant conduire à un « gaspillage inacceptable »[177]. Il tranche en faveur du marxisme concret dont l'économie nationalisée et centralisée entraîne moins de gaspillage comparativement à l'économie capitaliste. L'autre avantage du marxisme est la possibilité politique d'un pouvoir de gouverner total » parce que dans certaines circonstances, il sera nécessaire « d'imposer des choses impopulaires »[178]. Jonas montre la nécessité d'une « tyrannie bienveillante » puisque « seule une élite peut éthiquement et intellectuellement assumer la responsabilité pour l'avenir »[179]. Il va jusqu'à soutenir un « complot au sommet en vue du bien »[180]. Pour cela, un nouveau Machiavel beaucoup plus nuancé, rigoureux et ésotérique est nécessaire au nom du principe « vivre pour le bien de l'ensemble et faire des sacrifices dans l'esprit de frugalité ». Sa philosophie politique est une *expertocratie* qui consiste à faire confiance et mettre le pouvoir entre les mains des seuls experts et élites capables de voir le bien que la masse ne peut pas voir et de l'imposer à

---

[176] *Ibid.*, p. 272.
[177] *Ibid.* 277.
[178] *Ibid.*, p. 279.
[179] *Ibid.*, p.280.
[180] *Ibid.*, p.284.

tous, au nom du bien-être de l'ensemble[181]. Il est contre la démocratie à cause de sa politique des « intérêts du moment »[182] alors que la *res publica* [chose publique] est par définition « l'affaire de tous »[183] en puissance et celle de l'homme d'État en acte. Plus tard, en 1992, vu l'effondrement de beaucoup de partis communistes concrets qui par ailleurs, n'avaient jamais eu de politique écologique concrète, mais plutôt catastrophique, Jonas semble avoir reconnu que le projet de tyrannie bienveillante n'était plus approprié à la situation historique du moment. C'est alors, qu'il commença à parler dans beaucoup de ses entretiens, d'une « éducation par l'intermédiaire des catastrophes »[184]. Ici la peur ne joue plus comme dans *Le Principe responsabilité*, un rôle heuristique, mais un rôle pédagogique. La valeur de la catastrophe est inversée pour devenir une chance pour l'humanité : « Si effroyable qu'ait été l'évènement d'Hiroshima pour les victimes, ce fut peut-être un moment bénéfique »[185].

---

[181] « Il [l'expert] doit assumer le "oui" dans son vouloir et imposer à son pouvoir le "non" opposé au non-être », cf. *Le Principe responsabilité*, p.163.

[182] *Ibid.*, p. 287.

[183] *Ibid.*, p.189.

[184] Hans JONAS, *Une Éthique pour la nature*, Paris, DDB, 2000, p.27.

[185] *Ibid.*, p. 74.

III.3.2. Anders et le contre-pouvoir démocratique

Pour G. Anders, nous vivons du point de vue politique, dans une technocratie[186]. L'autonomie de la technique résulte de trois révolutions industrielles qui sont aujourd'hui remplacées par de nouvelles classes dont la plus dominante est celle des « seigneurs de la bombe » et les nouveaux prolétaires, autrement dit les « morts en sursis de tous les pays »[187]. Comme la classe dominante est celle des techniciens, elle est en voie d'être renversée et remplacée par des instruments eux-mêmes, si bien qu'à la fin de l'histoire, comme les hommes auront été liquidés, il ne restera plus que des instruments. Selon Anders, nous vivons « l'ultime époque », la fin de l'histoire où nos formes de gouvernement qu'elles soient communistes ou capitalistes, ne sont que de façade. Même dans le capitalisme, « le fondement de la démocratie n'est plus l'égalité de tous les citoyens, mais celle de tous les produits »[188]. La technocratie est donc la défaite de la volonté générale devant une volonté de puissance de la technique. Le monde de la technique étant devenu « post-idéologique »[189], la démocratie ne peut y être qu'un mensonge.

Dans une description catastrophique comme celle-ci, quelle forme politique peut encore nous sauver ? Comment échapper au péril ? Comme l'avait noté

---

[186] Gunther ANDERS, *Die Antiquiértheit des Menschen, op.cit., p.6.*
[187] ID., *Mensch ohne welt, op. cit.*, p. 12.
[188] *Ibid.*, p. 24
[189] Gunther ANDERS, *L'Obsolescence de l'homme*, p.222.

Hölderlin, « Tout proche et difficile à saisir […] ! Mais aux lieux du péril croît aussi ce qui sauve »[190]. Dans un contexte comme celui du triomphe de la technocratie, la démocratie se développe aussi. Car la seule façon de résister en technocratie, c'est d'y agir démocratiquement : « Si le mot de 'démocratie' a un sens, c'est celui selon lequel nous avons et le droit et le devoir de décider ensemble des affaires relevant de la '*respublica*' et donc aussi de celles qui dépassent nos compétences professionnelles : elles ne nous regardent pas en tant que spécialistes, mais en tant que citoyens ou en tant qu'hommes. Il n'y a pas à discuter pour savoir si nous devons ou non nous en 'mêler', car en tant que citoyens et en tant qu'hommes, nous y sommes depuis toujours 'mêles' : nous sommes aussi, la *respublica*. Il n'y a jamais eu et il n'y aura jamais une autre affaire qui soit plus 'publica', que la décision dans et par laquelle il y va aujourd'hui de notre survie. Si nous refusons de nous en 'mêler' nous nous soustrayons à notre devoir »[191]. Pour ce faire, il faut combattre la technocratie et l'expertocratie pour ne plus laisser aux seuls experts le droit de décider à la place des citoyens. Ces derniers doivent être responsables c'est-à-dire, des êtres capables de penser par eux-mêmes, nonobstant la limite de leur connaissance scientifique. Être responsable c'est être instruit et être conscient de tout ce qui se passe. Quand il dit qu'il « n'y aura jamais

[190] Friedrich HÖLDERLIN, *Patmos*, in *Œuvres complètes*, Paris, Gallimard, coll. « bibliothèque de la Pléiade », 1967, p. 867.
[191] Gunther ANDERS, *Die atomare Drohung*, p. 100. Cité par David CHRISTOPHE, Röpcke DIRK, p.20.

une autre affaire qui soit plus 'publica' que la décision dans et par laquelle il va aujourd'hui de notre survie », Anders reconnaît que la technocratie est paradoxalement une sorte de chance pour la démocratie. Car là où croît la technocratie, là aussi croît la démocratie. Comme par une « ruse de la raison », la démocratie cesse d'être d'après Jonas, un régime politique qui ne convient qu'à la Grèce antique, pour devenir un projet politique le plus actuel. C'est sur un ton provocateur, qu'il fait presque l'éloge de la catastrophe : « la bombe atomique a réussi là où les religions et les philosophies, les empires et les révolutions avaient échoué : elle a vraiment réussi à faire de nous une humanité. Ce qui peut tous nous toucher nous concerne tous. Le toit qui s'effondre est devenu notre toit à tous (...) »[192]. Il reconnaît de ce fait que la terre est notre maison commune qu'il convient de protéger, en vue de la survie de l'homme.

À travers cette discussion entre Jonas et Anders, nous avons voulu savoir si la démocratie peut rimer avec l'environnement. Nos sociétés qui cherchent à maximiser les intérêts, à produire et consommer le plus possible sont en opposition frontale avec la finitude de la planète en termes de ressources. Cette contradiction a poussé Jonas à regarder du côté des régimes autoritaires. Ne serait-il pas profitable de penser à une « démocratie écologie »[193] ? Toutefois,

---

[192] ID., *L'Obsolescence de l'homme*, op. cit., p. 343.

[193] Cf. Dominique BOURG & K. WHITESIDE, *Survivre avec la démocratie. Pour une refondation écologique*, Paris, éd. du Seuil, coll. « la république des idées », 2010.

reconnaissons que tout se passe comme s'il existait une incompatibilité entre nos démocraties et la considération des problèmes environnementaux. La faille de la démocratie réside dans le fait que seuls les élus sont juges du bien-fondé des politiques publiques à adopter. Or chacun a une appréhension limitée à son « monde ». Quelle que soit ma bonne volonté, mon équipement sensoriel me permet par exemple de repérer la température qu'il fait dans ma chambre ou dehors ; mais il ne me permet pas de repérer une moyenne de température par an ou sur vingt ans. Pendant qu'il fait froid ici en France, les hommes meurent de canicule au Tchad et au Sénégal. Je ne peux pas percevoir le changement de la composition chimique dans l'atmosphère.

Pour résoudre ces questions, ne faudrait-il pas un système politique beaucoup plus complexe, « méta-représentatif, ajoutant à nos institutions représentatives, des idées dédiées au traitement des problèmes de long terme et soustraites au jeu partisan de la majorité et de l'opposition » [194]? À l'heure du monde fini, nos institutions sont inadéquates pour résorber la crise environnementale. Il faudrait à côté de la liberté d'opinion que nous défendons bec et ongle, y intégrer les limites en ce qui concerne la liberté des comportements des individus. Loin du régime autoritaire (Jonas) ou technocratique (Anders), si nous ne voulons pas que nos démocraties disparaissent et nous avec, il nous faut savoir agir

---

[194] Dominique BOURG, « L'éco-scepticisme et le refus des limites » dans Études, hors série, 2015, p.110.

démocratiquement en alliant droits et devoirs pour la gloire de l'homme et le triomphe de la nature.

III.4. PROTÉGER NOTRE MAISON COMMUNE PAR ET/OU CONTRE LA TECHNIQUE

> *Malheur [...] à celui qui croit pouvoir échapper aux vastes espaces du ciel et de la Terre en croyant se réfugier dans un bosquet, les pieds dans l'eau, sur la rive d'un fleuve pour contempler le monde en spectateur : il sera laminé !* [195].

Comme l'écrivait Rousseau, « l'homme tient à tout ce qui l'environne »[196]. Comme il en dépend, il s'y attache et ne peut pas ne pas se soucier ou se préoccuper du milieu dans lequel il vit. Se soucier de son milieu naturel, c'est s'employer à protéger la nature et à se garder de la politique destructrice. De quelle nature s'agit-il ?

La nature que l'homme se doit de protéger est d'abord la terre en tant que son terroir, tout ce qui y pousse et tout ce qui y vit ou encore y vivra plus tard. Il ne s'agit pas de la terre comme pôle opposé du ciel puisque les deux sont interdépendants, mais de tout ce qui relève de la géobiologie au sens large du terme ; c'est-à-dire, agronomie, sylviculture, botanique, zoologie, hydrobiologie, écologie, etc. La nature dont il est question, n'est pas l'opposé de l'artifice puisque notre nature est toujours déjà transformée par l'homme, elle est une « nature anthropisée ». C'est la nature telle que nous pouvons la voir, la contempler,

---

[195] Hans JONAS, *Le Principe responsabilité, op. cit.*, p. 288.

[196] Jean-Jacques ROUSSEAU, *Fragments politiques* in *Œuvres complètes*, t. III, Bibliothèque de la pléiade, Gallimard, 1966, p. 530.

l'admirer et l'aimer. L'écologie reçoit une dimension esthétique qui s'offre aux regards des hommes.

Ce qui est intrigant avec la révolution industrielle, ce sont les effets pervers incontrôlés des techniques industrielles, de la concurrence économique avec son credo « consommer plus pour être plus », susceptibles de provoquer des nuisances et de représenter pour ainsi dire une menace sur la vie des hommes. Cette menace, telle l'épée de Damoclès sur la tête des humains (c'est-à-dire tous ceux qui partagent l'humus), nous contraint d'appréhender le contexte imprévu de ces dernières et de nous y adapter. Cela suppose que nous devons interroger et mettre en question l'ensemble de nos conditions de vie. Ce n'est plus tellement la défense de la nature menacée qui est notre cheval de bataille, mais la lutte contre la « technonature menaçante ». Cela veut dire que la menace est de moins en moins circonscrite, localisable, non plus identifiable. Nous sommes donc entrés dans la phase de la globalisation des problèmes environnementaux qui se muent en crise environnementale de dimension planétaire. Dire la dimension globale de la crise environnementale, c'est arriver à reconnaître qu'elle « concerne l'humanité tout entière, et la terre comme un tout. Une terre aux ressources limitées et dont les équilibres complexes (qui assurent la vie) apparaissent désormais fragiles »[197]. Face à cette situation, quelles sont les réactions possibles ?

La globalisation des problèmes environnementaux a suscité deux réactions opposées. Certains tout en

[197] Catherine et Raphaël LARRÈRE, *Du bon usage de la nature. Pour une philosophie de l'environnement*, *op cit.*, p. 170.

reconnaissant que l'exploitation de la nature outre mesure a des effets pervers, ont tendance à les minimiser et mettent leur foi dans le développement des sciences et des techniques pour leur trouver un remède. Pour eux, la technique est à la fois la cause et la solution au mal environnemental. D'autres en revanche estiment qu'il faut reconsidérer la manière dont nous avons depuis les temps modernes, instrumentalisé la nature. Ils en appellent immédiatement à la limitation de puissance technique. Pour eux la technique crée des problèmes auxquels elle ne saurait apporter des solutions. Les premiers nient l'existence d'une crise environnementale et considèrent les préoccupations des seconds comme un alarmisme irrationnel. Leurs peurs sont infondées, insinuent-ils. Ils sont en vertu de leur écologisme rétrograde, hostiles au progrès des sciences et des techniques. Avec leurs tendances antihumanistes, ils recherchent de la valeur dans la nature en ignorant qu'il n'y a de valeur qu'en l'homme. Pour les seconds, la crise écologique n'est pas u-topique (au sens de non-lieu), car elle a lieu ici et maintenant ; nous faisons l'expérience de son aiguillon. Ces « écoloréalistes » situent le danger dans l'appropriation économique de la nature et discréditent l'illusion de la toute-puissance de la technique moderne. La modernité aurait-elle donc détruit la nature ? La nature n'est pas un simple réservoir des ressources pour les activités humaines, non plus un dépotoir pour leurs déchets. La modernité et la protection de la nature ne sont pas antinomiques. On peut en partant de la modernité, arriver à concevoir la nature comme cosmos, harmonie, ordonnancement, extérieure à l'homme et qui n'a pas besoin de lui pour exister. Il nous faut dépasser le manichéisme écologique qui sépare les « écolo-optimistes » et les « écolo-pessimistes ». Quand on cesse d'assimiler la modernité à la capacité et à la volonté de puissance hyperbolique d'exploitation, on se rend compte que dans la vision de la nature comme dans le partage qu'elle établit entre nature et société, il y a lieu de concevoir une écologie intégrale qui insiste certes sur la transformation et l'exploitation de la nature, mais qui en même temps, se préoccupe de sa protection par la règle du bon usage. Dans la modernité, il y a une nature à protéger qu'elle soit anthropisée ou pas. La modernité nous donne des façons de concevoir et de gérer les risques liés à la crise écologique. De ce fait, la chasse à tout ce qui est technique n'est pas nécessaire dans le processus de protection de notre maison commune. La politique environnementale d'inspiration moderne, pour être à la hauteur des attentes de l'humanité, doit se réaliser dans la confrontation du savant qui pose un diagnostic et du politique qui décide après délibération, tout en maintenant le lien entre la possession et le « bon usage » de la nature. Quoiqu'accusée de tous les maux, la modernité n'a pas rompu avec la prudence qui consiste à se mettre en sécurité. Protéger la nature c'est protéger un objet hybride d'autant plus que la frontière entre nature et culture n'est pas claire. Arriver à protéger un objet hybride c'est sans nul doute, réinscrire l'homme, ses productions et ses constructions dans la nature : « on doit assumer le caractère hybride de la catastrophe et pour s'en prémunir, situer les hommes dans l'environnement qu'ils produisent »[198].

À défaut de ce consensus prudentiel, on en arrive à une confrontation entre le savant et le politique. D'un côté la tyrannie du vrai et le sociocentrisme, de l'autre côté la politique de la peur et de la négligence. Dans les deux cas, nous sommes appelés à distinguer les activités légitimes (qu'il convient de réaliser), de celles prohibitives et donc, les usages prudents des comportements irresponsables. Alors, l'homme cesse d'être nécessairement un élément perturbateur des équilibres naturels, destructeur de la nature. Sous cet angle seulement (c'est-à-dire celui du bon usage), les activités humaines, les interventions techniques, voire technologiques peuvent être favorables et indispensables à la protection de la nature comme à la sécurité des humains. À titre d'exemple, pour venir à bout du gigantesque incendie de Fort McMurray qui a déjà ravagé en ce mois de mai 2016 plus de 200 000 hectares soit la superficie de la Normandie, le Canada a dû recourir aux hélicoptères (qui polluent par ailleurs la nature) et beaucoup d'autres artefacts pour protéger la nature. Les exemples sont légion en Europe et en Amérique. La technique devient ce qui à la fois énerve et calme la nature.

Nous pouvons avoir des informations suffisamment documentées sur la crise environnementale, mais sa complexité est telle que nous sommes loin d'en mesurer la marge d'incertitude qui subsiste quant à la

---

[198] *Ibid.*, p. 172.

probabilité des différents scénarios de changements climatiques et la répartition spatiale et temporelle de leurs effets. Nous ignorons le nombre d'espèces vivant sur terre ; on est bien en peine d'en évaluer l'ampleur et le rythme d'une érosion de la diversité biologique que l'on a de bonnes raisons de postuler. D'où prudence et retenue.

Eu égard à tout ce qui précède, demandons-nous si nous ne sommes pas déjà sortis de la modernité tant par le développement des sciences que par celui de la puissance technique acquise par l'humain ? Au lieu de chercher désespérément à corriger la modernité par une éthique, soit-elle de précaution ou de la responsabilité, ne conviendrait-il pas plutôt d'admettre la crise de la conception moderne de la nature ? Vouloir abandonner la technique au nom du principe de protection de la nature serait un remède qui aggrave le mal plus qu'il ne le soigne. La manière la plus juste pourrait être celle qui conçoit une nature dont nous sommes partie prenante. Dans ce cas, on ne cherche plus à limiter la technique ou à y renoncer, mais à l'orienter différemment, de telle sorte que nous la respections parce que nous en faisons partie. Cela sollicite l'inventivité humaine pour imaginer les nouvelles façons d'habiter le monde en associant l'activité industrieuse des hommes à un comportement réglé. On laisse triompher la règle du bon usage et la prudence associée à l'injonction de savoir pour bien agir. Bref, il s'agit d'un bon usage écocentré fondé sur un savoir qui n'ignore pas ses limites,[199] mais qui cherche à les dépasser.

---

[199] *Ibid., p.*174.

III.5. LE NOURRISSON, PROTOTYPE DE LA PROTECTION DE NOTRE MAISON COMMUNE

Pour protéger notre maison commune, Jonas évoque l'obligation du devoir ontologique de l'homme à l'égard de l'avenir de la vie de l'humanité. Cette responsabilité est non-réciproque. Même si elle est orientée vers l'avenir, cette responsabilité existe déjà depuis toujours sur le plan ontologique. Elle ne vient au grand jour qu'avec le caractère inédit des dangers techniques. Le dévoilement de ce phénomène de responsabilité non réciproque s'opère sous deux modèles. D'abord le modèle de la responsabilité parentale et ensuite celui de la responsabilité d'homme d'État. Ces deux modèles retenus par Jonas convergent vers un élément commun qui nous donne l'idée du « phénomène originaire de la responsabilité »[200]. En effet, dans les deux cas, c'est la vie humaine comprise dans sa totalité, sa continuité et son avenir qui est l'objet de la responsabilité.

À l'exemple d'un parent qui se soucie de la vie de l'enfant dans sa totalité, l'homme d'État est responsable de la totalité de la vie collective, autrement dit, du bien commun, de la maison commune. Qu'il s'agisse de l'enfant ou du bien commun, l'homme responsable ne peut prendre de vacances. Il doit être sur le qui-vive, en assurant sans discontinuité la protection des objets sous sa responsabilité, sous peine qu'ils cessent d'être. Il y va de l'existence même des objets de la responsabilité. Dans l'un ou dans l'autre cas, l'avenir est l'objet de préoccupation. Il ne s'agit pas simplement de l'avenir immédiat, mais l'avenir de la « chose » dans sa totalité

---

[200] Hans JONAS, *Le principe responsabilité*, p. 192.

(enfant, peuple ou monde), ouvert, indéterminé. Pour un parent, l'existence du nourrisson constitue déjà un appel, son être en lui seul implique un devoir-être. De ce fait, « la responsabilité suppose à chaque fois la mise en œuvre d'un pouvoir dont l'omission, la maladresse ou l'excès peuvent compromettre l'exercice de l'objet périssable et donc vulnérable qui est dans son champ d'influence »[201]. La responsabilité suppose donc un pouvoir d'action et une maîtrise des évènements. Ce pouvoir tire son obligation de soins de la vulnérabilité de la chose. C'est pourquoi nous disons qu'il n'est pas réciproque.

Cependant, il se pourrait que les deux paradigmes de responsabilité ne soient pas d'égale importance. C'est incontestablement la responsabilité parentale qui joue un rôle d'archétype, car pour Jonas, la responsabilité pour la collectivité et l'humanité dérive de celle parentale, inscrite pour l'essentiel dans la nature[202]. Ce paradigme est celui du nourrisson dont la simple respiration mobilise l'entourage à prendre soin de lui. Cet appel détient la structure d'un devoir, qu'on peut ne pas satisfaire par égoïsme, mais qu'on ne peut pas ne pas entendre. D'après Jonas, elle ne dérive ni de l'amour ni de la pitié, mais d'une forme de nécessité morale : Je dois m'occuper de celui qui vient de naître sinon il mourra. En lui se résume le présent et l'avenir qui n'est pas encore, mais qui existe déjà en lui comme possibilité d'être et c'est celle-ci qui m'engage. Le nourrisson est ce type d'être

---

201 Éric POMMIER, *op. cit.*, p.139.
202 Cf. *Le Principe responsabilité*, p. 200.

déjà là qui ouvre un avenir, qui pourra avoir lieu à condition que j'assume et crée les conditions de son advenu.

Le phénomène de soin parental met ainsi au grand jour une dimension de la vie dans laquelle l'être vivant renonce à son égoïsme propre pour assumer une responsabilité, grâce à laquelle il permet à l'enfant d'avoir un avenir et de surmonter la menace du non-être.[203] Ce mode particulier par lequel le parent maintient le lien avec l'enfant sans l'accaparer s'apparente au don par lequel un vivant renonce au seul souci de son être (vivant) pour s'ouvrir au souci d'autrui dans sa vulnérabilité. Renoncer à soi au profit d'autrui avec l'espoir d'accéder au vrai soi, c'est-à-dire un soi caractérisé par la responsabilité et l'humanité, tel est le point de départ de la nouvelle responsabilité non réciproque. Nous pouvons du reste nous demander en quel sens le phénomène de la vie peut nous permettre de penser le souci de l'humanité. Autrement dit, comment le souci de l'humanité peut-il nous permettre de penser la dimension de l'être en vie que la technique menace ?

Avec le phénomène du soin parental, il est possible d'assigner au souci de l'humanité un ancrage biologique. Sachant son devoir de père ou de mère et étant conscient de ce qu'il requiert, on peut en être conduit à s'intéresser au devenir de l'humanité. Il existe une continuité entre la vie en famille et l'humanisme. Tout se passe comme si la responsabilité parentale à l'égard de l'enfant était de même nature que celle de

[203] Éric POMMIER, *op. cit.*, p. 141.

l'homme à l'égard des générations futures et de la vie. De la même manière que le nourrisson ne doit sa vie qu'à la vigilance et à la protection du parent qui lui permet d'échapper à la mort, la vie des générations futures dans l'*oikos* ne dépend que de la capacité de l'homme actuel à les faire échapper à la mort, en restreignant l'hypertrophie technique dont il est devenu malade.[204] À force de vouloir avoir les biens, on finit par oublier d'être avec les autres. Comme le fait observer Jacques Attali, « le bonheur viendra plus du nombre de personnes avec qui chacun est en lien que du nombre d'objets possédés »[205]. L'humanité dans son ensemble, mieux, notre maison commune, est cet enfant fragile qui requiert des soins de toute nature en vue de sa perpétuation. Comme l'enfant appelle le parent à la responsabilité, notre maison commune gémit sous le poids de ce que l'égoïsme de l'homme risque de lui faire subir, si du moins nous n'en prenons pas soin. Il en va de l'avenir de l'humanité, un avenir qui commence à se vivre au présent. Il ne s'agit pas d'oublier les générations actuelles sous prétexte de s'occuper de celles à venir, mais de prendre le présent au sérieux afin d'anticiper l'avenir.

---

[204] L'exemple le plus parlant est celui que Bernard Wolfe décrit dans *Limbo,* un roman paru en 1952, où le rang d'un individu dans la société dépend du nombre de prothèses qu'il est autorisé à avoir, en remplacement de ses propres membres, bras et jambes volontairement.
[205] Jacques ATTALI, *Histoire de la modernité*, *op. cit.*, p. 189.

III.6. COMMENT HABITER LE MONDE ? APPRENDRE À MARCHER SUR DES SABLES MOUVANTS

Où tendons-nous ? À quel but définitif notre société marche-t-elle avec ses progrès industriels ? Lorsque ces progrès cesseront, quelle sera la condition dans laquelle ils laisseront l'humanité ? Vaut-il la peine d'avancer sans savoir exactement où l'on va ? Afin d'éviter ce que John Stuart Mill appelle « l'état stationnaire »[206], même avec autant d'incertitudes soulevées par ces questions sans réponses, il faut avancer quand même. Il convient d'apprendre à marcher sur des sables mouvants.

Dans *Le contrat naturel,* Michel Serres commente la peinture du *duel au gourdin* de Francisco de Goya. Celle-ci représente deux hommes qui se battent sur un sol marécageux dans des sables mouvants ; plus les deux se battent, plus ils s'enfoncent dans les sables, si bien que la finalité de leur combat est perceptible. Il n'y aura pas de vainqueur puisque les deux seront engloutis dans les sables. Le plus rationnel serait que dans leur intérêt, tous deux arrêtent de se battre. Au nom d'un impératif de survie, chacun doit obéir à sa raison qui lui dit : « si tu veux continuer à vivre, arrête vite le combat ». Le duel de Goya représente

---

[206] John Stuart MILL, *Principes d'économie politique*, 1848, livre IV, chap. 6 : « De l'état stationnaire » : « *Je ne puis éprouver pour l'état stationnaire (....) j'avoue que je ne suis pas enchanté de l'idéal de vie que nous présentent ceux qui croient que l'état normal de l'homme est de lutter sans fin pour se tirer d'affaire, que cette mêlée où l'on se foule aux pieds, où l'on se coudoie, où l'on s'écrase, où l'on se marche sur les talons et qui est le type de la société actuelle, soit la destinée la plus désirable pour l'humanité au lieu d'être simplement une des phases désagréables du progrès industriel (...) »*, p. 139.

l'antagonisme actuel entre l'homme et la nature, entre les personnes (*personna*) et les choses (*res)*, entre développement et écologie, etc. Doit-on continuer le combat alors que ce dernier ne profite pas à l'homme, pas plus qu'il ne profite à l'écologie ?

Après la conférence des Nations sur l'environnement qui s'était tenue à Rio du 3 au 14 juin 1992, il en était sorti un rapport Bruntland[207], qui associait explicitement l'homme et la biodiversité dans une même construction. L'antagonisme traditionnel entre activités humaines et conservation de la nature a été dépassé. C'est celui-ci qui fut à l'origine de la création des Parcs et des réserves pour protéger la nature *contre* l'homme, au lieu de la protéger *pour* l'homme. Le revers de la médaille serait de faire n'importe quoi hors des parcs et des réserves puisque ces derniers remplissent bien le rôle de l'Arche de Noé[208]. Comment rompre cette dichotomie et envisager l'habitabilité de la Terre ? En effet, est habitable ce qui assure les conditions d'épanouissement et de perpétuation d'un groupe d'individus dans un environnement écologique, social, économique et spirituel confortable et durable. Le premier contact de l'homme à l'environnement devient possible par l'intérêt du travail grâce auquel il se maintient en vie et

---

[207] Rédigé sous la responsabilité de Mme Gro Harlem Bruntland, ancien premier ministre norvégien qui a introduit le concept de « sustainable developpement » traduit par « développement durable », elle voulait dire que le développement et la protection de la nature ne sont pas antithétiques. (cf. *Notre avenir à tous*, Ed. du Fleuve, Montréal, 1988).

[208] Jacques BLONDEL, « De l'utopie écologiste au développement durable » dans *La conversion éthique. Habiter le monde,* Revue Études, hors série, 2015, p. 81.

se construit dans la société, une habitation. Par la nécessité de travailler la nature pour en vivre, l'homme en devient dépendant. Cela explique en partie l'augmentation du chômage auquel nous assistons. En plus du travail, l'homme doit habiter dans la nature fragile, y « être chez soi », pas en se repliant dans un univers clos, mais en entretenant un réseau de relations avec les autres hommes, les conditions du bien-être pas seulement avec les hommes, mais aussi avec l'environnement naturel. Connaître les autres, connaître son environnement naturel et se laisser connaître par ces derniers, tel est le déplacement possible dans les sables mouvants. Dans cette condition d'altérité, la nature n'est ni ennemi à vaincre, ni victime à dominer ou à humilier, mais un lieu où se tissent des liens d'amitié et de connivence entre différents partenaires, nonobstant les conflits d'intérêts. « Nous ne pouvons plus accepter, faisait remarquer Alain Touraine, une pensée et une action qui reposent sur les couples d'opposition et qui nous imposent de défendre la culture contre la nature, la raison contre le sentiment (…) Nous voulons associer ce qui a été opposé, remplacer la conquête (tous azimuts) par le dialogue et la recherche de combinaisons nouvelles[209] ». Apprendre à se mouvoir dans le sable mouvant c'est reconnaître que l'habitabilité n'est pas une chasse gardée de l'homme. Elle concerne aussi bien l'animal que la plante. Les rapports entre vivants non humains sont aussi fondés sur des réseaux de relations. À l'exemple de l'homme, les animaux ont aussi l'intérêt

[209] Alain TOURAINE, *Qu'est-ce que la démocratie* ? Fayard, Paris, 1994, p. 238.

de travail en vue de leur survie et l'intérêt d'habitation. C'est pourquoi, il est nécessaire d'instaurer la paix entre nous les hommes pour sauvegarder le monde et la paix avec le monde pour nous sauvegarder. Réconcilier l'homme avec son environnement naturel suppose d'abord que l'homme s'acclimate à sa propre nature intérieure et se familiarise avec elle. Car être chez soi dans un environnement naturel c'est d'abord être soi chez soi dans sa nature intérieure.

Les hommes doivent reconnaître la nature comme médiation obligée de leurs rapports. Ce que je fais à la nature, c'est à d'autres hommes en d'autres lieux et en d'autres temps que je le fais. Ce n'est pas la nature que je dois respecter comme un nouveau lieu sacré, mais la liberté des autres hommes qui en vivent ; c'est à eux que je porte atteinte en dégradant la nature. Pour échapper à la morale kantienne que Péguy accuse d'avoir les mains propres, mais de n'avoir pas de mains, il nous faut imaginer la synchronie entre nature en l'homme et l'homme dans la nature. Cela rend possible la mise en œuvre d'un développement durable uni à la nature pour le meilleur et pour le pire. Le développement durable appelle à une humanisation qui repense l'homme à la racine. L'humanité partage son étymologie (*homo*) avec humanité (*humus*) et humilité ; Comme si les fils de la terre étaient sensibles à la terre et invités à l'humilité qui nous enjoint de découvrir notre humanité en nous humanisant au contact de la terre (*humus*).

de travail en vue de leur survie et d'intérêt d'habitation. C'est pourquoi, il est nécessaire d'instaurer la paix entre tous les hommes pour sauvegarder le monde et le pays [illegible]

CONCLUSION

Nous vivons dans une époque de la technique. Tout ce qui est se tient désormais dans la machinerie et celle-ci constitue l'armature même du réel. Cette machinerie dont le fonctionnement ne vise rien d'autre que la croissance de sa puissance, ne cesse de mobiliser tout ce qui existe. Les ressources de la terre sont exploitées jusqu'à fracturer le sol sur lequel se tient l'homme afin d'en soutirer un peu plus de carburant ou de coltan. Du pygmée chasseur de la forêt équatoriale au guerrier Zoulou d'Afrique du Sud jusqu'au pêcheur d'Ibindja en République démocratique du Congo, tous les peuples de la planète sont prolétarisés. Notre époque est tout simplement celle du risque portant sur l'humanité. Risque que les hommes restent assignés à la fonction de producteur-consommateur, conduisant à l'illusion de bienséance que Heidegger appelle dévastation sinistre. « La dévastation de la terre peut s'accompagner de l'atteinte du plus haut standing de vie de l'homme et aussi bien d'un état de bonheur uniforme de tous les hommes. La dévastation peut [...] tout hanter de la façon la plus sinistre, à savoir en se cachant »[210]. Risque

[210] Martin HEIDEGGER, *Qu'appelle-t-on penser ? op. cit.*, p. 36.

également que l'aliénation de l'homme par la machinerie ne le réduise à un produit *high-tech* puisque « l'homme étant le plus importante des matières premières, on peut compter qu'un jour, sur la base des recherches des chimistes contemporains, on édifiera des fabriques pour la production artificielle de cette matière première »[211]. Risque que la désertification rampante de la planète ne condamne définitivement l'homme à « errer à travers les déserts de la terre ravagée »[212]. Risque enfin d'une annihilation effective et totale en ce sens que le XXe s a conquis la possibilité qui condamne désormais l'humanité à vivre dans l'ombre portée de l'arsenal nucléaire.

La technique est danger précisément parce qu'elle est devenue autonome par rapport aux hommes et ne se meut désormais que dans le cercle de son automatisme. Il y a longtemps, constatait Heidegger en 1959, que les puissances ont débordé la volonté et le contrôle de l'homme » au point que, « aucun individu, aucun groupe humain, aucune commission, fût-elle composée des plus éminents hommes d'État, savants ou techniciens […] Aucune organisation purement humaine n'est en état de prendre en main le gouvernement de notre époque »[213] puisque les (pseudo-) élites qui prétendent la gouverner sont méticuleusement formatées par elle.

À partir du moment où la machinerie est devenue totalité planétaire, aucune révolution n'est assez

---

[211] Jean VIOULAC, *op. cit.*, p. 128.

[212] Martin HEIDEGGER, *Le dépassement de la métaphysique*, GA 7, p.93 cité par J. Vioulac, *op. cit.*, p. 129.

[213] ID., « Séreinité », GA 16, p. 528 ; trad. fr. p. 147.

révolutionnaire pour la révolutionner. La seule révolution à la mesure de l'époque actuelle s'apparenterait à « la récupération par l'humanité de son *essence* disséminée dans le dispositif machinique automatisé ». Il s'agit d'un *Umkehrung* en tant que Tournant (*Kehre*) et retournement dans l'être, une révolution à même de conjurer la menace vue comme évènement (*Ereignis*) historial. Cette révolution est une réappropriation (*Aneignung*) terminale de l'expropriation (*Enteignung*) initiale, qui puisse ainsi reconduire l'homme à sa propre *essence*[214].

Cette étude a mis en évidence une double contradiction à laquelle fait face la pensée de Hans Jonas : Celle de la gnose et celle de la technique. La gnose a développé une vision dualiste de la réalité qui oppose l'homme et Dieu, l'homme et le monde, mais aussi Dieu et le monde comme des pôles irréconciliables. Dans celle-ci, il existe deux réalités, le bon et le mauvais, la lumière et les ténèbres. Notre monde composé par la matière est perversion, déchéance, règne des puissances inférieures. À l'opposé, Dieu est pur esprit, clarté sans ombre, exempt du mal qui domine le monde. Outre l'opposition Dieu-monde, en l'homme coexistent deux puissances ennemies qui luttent inlassablement sans espoir de réconciliation. Pour Jonas, le dualisme gnostique a contribué à la destruction rampante de la planète à cause de ses catégories de pensées empreintes du mépris du monde. Il s'exprime sous forme d'une configuration à trois termes, dont Dieu,

[214] Jean VIOULAC, *op. cit.*, p. 131.

le monde et l'homme. L'homme et Dieu sont tous deux situés au-dessus du monde auquel ils s'opposent et qui représente une source d'aliénation. C'est à cette position de surplomb reconnu à l'homme et à Dieu que Jonas va s'attaquer. Car, si le monde est source d'aliénation c'est qu'il est détestable. Il est l'œuvre pas du vrai Dieu, mais des puissances inférieures appelées archontes. C'est pourquoi l'homme doit être indifférent en se désimpliquant du monde. D'où l'anticosmisme ou le nihilisme cosmologique comme réponse à l'égard du monde qualifié par la gnose de « maison de la mort ». Si la gnose ainsi que le nihilisme heideggerien ont été qualifiés de nihiliste par Jonas, on serait tenté de se demander si Jonas lui-même n'a pas mis en place un dualisme. En insistant beaucoup sur la technique et la nature comme deux entités antithétiques, ne doit-on pas dire que Jonas a construit une pensée dualiste composée d'une réalité bonne, sans intervention perturbatrice de l'artefact (la nature) et celle mauvaise avec perturbation de la nature (la technique avec sa mobilisation infinie dans un monde fini). Alors que dans la doctrine gnostique subsiste une relation, certes conflictuelle, entre l'homme et le monde, le nihilisme moderne décrit un monde où il n'y a plus de relation totale. Afin de conjurer cette *krisis* nihiliste, Jonas met sur pied une éthique planétaire qui a pour mission de relier l'homme à la réalité totale, la partie au tout. A-t-il réussi ou pas ? Telle est la question qui demeure en suspens.

Jonas a pris conscience du fait que la technique met en danger de manière radicale et jamais comme auparavant l'existence de la vie et de l'humanité. L'éthique traditionnelle par le fait qu'elle était anthropocentrée, est devenue incapable d'enrayer ce danger. C'est pourquoi, il ébauche une autre éthique d'amplitude cosmique, adaptée à la civilisation technologique et soucieuse du sort des générations futures. Ce qui est contestable dans la technique c'est sa tendance cumulative et frénétique, sa puissance en perpétuelle progression. La ruse de la technique, c'est-à-dire, les apparences de service qu'elle rend à l'homme, sa tendance à se rapporter au monde sur le mode utilitaire, font d'elle, un phénomène monstrueux, redoutable et dangereux. Dès lors, est-il possible encore de combattre la technique jusqu'à l'éliminer complètement de la vie des hommes ou bien, devons-nous apprendre à « vivre avec », en lui donnant une nouvelle orientation ? Notre monde est tel, qu'aujourd'hui, l'homme, la société et ses activités sont en continuité avec la nature. Notre vie est tellement liée à la technique qui, par ailleurs, nous rend de bons services. C'est pourquoi, au lieu de sombrer dans la technophobie, l'homme peut moderniser les industries, en les replaçant dans un ensemble qui unit à la fois l'homme, le travail et l'écologie.

Comme Jonas veut fonder une nouvelle responsabilité qui implique à la fois les générations présentes et à venir dans une relation continue, on pourrait lui reprocher de ne pas respecter la liberté de ces dernières. Nos choix préférentiels aujourd'hui, nos priorités, seront-ils les leurs ? Pourquoi donner des droits aux générations qui n'ont pas encore existé, au risque d'oublier celles présentes ? Accepter de faire de la nature l'objet de la responsabilité humaine, c'est préserver cette harmonie dont dépendent tous les êtres qu'ils soient humains ou non-humains. Il n'est pas question de faire de la nature un sujet de droits et de devoirs ; Toutefois, la dissymétrie entre les générations et celles à venir pose problème. En disant que les générations présentes doivent consentir des sacrifices au profit de celles à venir, ne favorise-t-il pas par ce fait même, une inégalité entre les générations successives ?

L'hypothèse Gaïa selon laquelle, la terre résoudra ses problèmes et les nôtres si nous la laissons fonctionner à sa façon, n'est plus suffisante. Désormais la terre ne pourra rien faire sans nous. De même l'homme et sa technique ne pourront pas résoudre la question du réchauffement climatique s'ils n'apprennent pas à obéir à la nature. Comme disait le pape François, Dieu pardonne toujours, l'homme pardonne parfois, mais la nature lorsqu'elle est malmenée, ne pardonne jamais. Pour réconcilier l'homme et la nature, la technique et l'écologie, il convient d'investir désormais dans la sensibilisation, l'éducation, la recherche sur les technologies vertes, cesser de regarder le monde à travers les prismes des raisonnements économiques, voir la fragilité du monde et prendre en compte la mesure de nos responsabilités. *Laudato Si* rappelle que « toute solution technique sera incapable de résoudre les graves problèmes du monde si l'on oublie les grandes motivations qui rendent possibles la cohabitation, le sacrifice, et la bonté » (n° 200).

BIBLIOGRAPHIE

I. ŒUVRES DE L'AUTEUR

JONAS Hans, *La religion gnostique. Le message du Dieu étranger et le début du christianisme*, (trad. L. Evrard), Paris, Flammarion, 1978.

JONAS Hans, *L'art médical et la responsabilité humaine*, Paris, Cerf, 1985.

JONAS Hans, *Le Principe responsabilité. Une éthique pour la civilisation technologique*. Trad. de l'allemand par J. Greisch, coll. « champs essais », éditions du Cerf, Paris, 1990.

JONAS Hans, *Une Éthique pour la nature*, Paris, DDB, 2000.

JONAS Hans, *Le phénomène de la vie. Vers une biologie philosophique*, (Traduit de l'anglais par D. Lories), De boeck université, Bruxelles, 2001.

JONAS Hans, *Essais philosophiques. Du credo ancien à l'homme technologique*, J. Vrin, Paris, 2013.

II. AUTRES ŒUVRES

AL GORE, *Le futur. Six logiciels pour changer le monde*, (Traduit de l'anglais par N. et J-M. Millanvoye, et Ph. Miguel), éd.de La Martinière, Paris, 2013.

ANDERS Gunter, *Philosophische Stenogramme*, Beck, Munich, 1993

ANDERS Gunther, *Avoir détruit Hiroshima*, Paris, Robert Laffont, Paris, 1962.

ANDERS Gunther, *Die Antiquiertheit des Menschen*, Bd. 2, Beck, Munich, 1982

ANDERS Gunther, *L'obsolescence de l'homme*, L'Encyclopédie des nuisances/Ivrea, Paris, 2002.

ARISTOTE, *Œuvres complètes*, (dir. Pierre Pellegrin), Flammarion, Paris, 2014.

ATTALI Jacques, *Histoire de la modernité*, Paris, Flammarion, coll. « Champs », 2015.

AUGUSTIN (Saint), *Les confessions* (trad. d'Andilly), Gallimard, Paris, 1993.

BAUMAN Zigmunt, *La vie liquide,* (trad. de l'anglais par Chr. Rosson), éd. Pluriel, 2013.

BONHOEFFER Dietrich, *Le prix de la grâce*, Paris, éd. cerf/labor et Fides, 1985.

BOURG Dominique & K. WHITESIDE, *Survivre avec la démocratie. Pour une refondation écologique*, Paris, éd. du Seuil, coll. « la république des idées », 2010.

BOURG Dominique, *L'Homme artifice*, Gallimard, Paris, 19996.

BRAGUE Rémi, *La Sagesse du monde. Histoire de l'expérience humaine de l'univers*, Paris, Fayard, 1999.

BRUNTLAND Gro Harlem, *Notre avenir à tous*, Ed. du Fleuve, Montréal, 1988

BUBBER Martin, *Le chemin de l'homme. Le Problème de l'homme. Fragments autobiographiques.* Traduit de l'allemand par Wolfgang Heumann, Jean Loewenson-Lavi et Robert Dumont, Paris, Les Belles Lettres, 2015.

COSTE René, *Paix, Justice, gérance de la création*, Nouvelle cité, Paris, 1989.

DAGOGNET François, *Nature,* Vrin, Paris, 1990.

FERRY Luc, *Apprendre à vivre. Traité de philosophie à l'usage des jeunes générations*, Paris, Plon, 2006.

FERRY Luc, *Le Nouvel ordre écologique. L'arbre, l'animal et l'homme*, Paris, Grasset & Fasquelle, 1992.

FRANÇOIS (Pape), Encyclique ***Laudato si*** *sur la sauvegarde de la maison commune*, Salvator, Paris, 2015.

GILSON Etienne, *Dieu et la philosophie*, Petrus a stella, Fontgombault, 2013.

HEIDEGGER Martin, « l'époque des conceptions du monde », dans *Chemins qui ne mènent nulle part,* Gallimard, « Tel », n° 100, 1962.

HEIDEGGER Martin, « La question de la technique » dans *Essais et conférences*, Gallimard, « Tel », n° 52, Paris, 1958.

HEIDEGGER Martin, *Être et Temps, (*trad. Fr. Vezin), Gallimard, Paris, 1986.

HOBBES Thomas, *Léviathan*, 1971.

HÖLDERLIN Friedrich, *Patmos*, in *Œuvres complètes*, Paris, Gallimard, coll. « bibliothèque de la Pléiade », 1967.

LARRÈRE Catherine et Raphaël, *Du bon usage de la nature. Pour une philosophie de l'environnement,* coll. « champs essais », Flammarion, Paris, 2009.

LATOUR Bruno, *Face à Gaïa. Huit conférences sur le nouveau régime climatique*, La DÉCOUVERTE, Paris, 2015.

PLATON, *Œuvres complètes*, (dir. Luc Brisson), Flammarion, Paris, 2008.

POMMIER Éric, *Jonas*, Paris, Les belles Lettres, 2013.

Éric POMMIER, *Ontologie de la vie et éthique de la responsabilité selon Hans Jonas*, Vrin, Paris, 2013.

ROUSSEAU, Jean-Jacques, *Fragments politiques* et *Discours sur l'origine de l'inégalité première*, in *Œuvres complètes*, t. III, Bibliothèque de la pléiade, Gallimard, 1966.

SERRES Michel, *Le contrat naturel*, Éditions Bourin, Paris, 1990.

SLOTERDIJK Peter, *La mobilisation infinie. Vers une critique de la cinétique politique*, trad. de l'allemand par H. Hildenbrand, Christian Bourgeois éditeur, Paris, 2000.

TORNIELLI Andrea et GALEAZZI, Andrea, *Le pape François. Cette économie qui tue. Le pape dénonce*, Paris, Bayard, 2015.

TOURAINE Alain, *Qu'est-ce que la démocratie* ?, Fayard, Paris, 1994.

VERNANT Jean-Pierre, *L'univers, les dieux, les hommes. Récits grecs des origines*, coll. « essais », Étions du Seuil, Paris, 1999.

VIOULAC Jean, Apocalypse de la vérité, Éditions Ad solem, Paris, 2014.

VIOULAC Jean, *Science et révolution. Recherche sur Marx, Husserl et la phénoménologie,* coll. « Épiméthée », PUF, Paris, 2015.

III. QUELQUES ARTICLES ET REVUES

FERRARI, Sylvie, « Éthique environnementale et développement durable : Réflexion sur le Principe Responsabilité de Hans Jonas », *Développement durable et territoires*, vol. 1, Décembre 2010.

AVISHAG, Zafrani, « Hans Jonas ou comment sortir du nihilisme de Heidegger. », *Archives de Philosophie* 3/2013 (Tome 76), p. 497-509.

ROPCKE DIRK, David Christophe, *Écologie* et politique 2/2004 (n° 29), pp.193-213.

ÉTUDE, *Revue de culture contemporaine*, hors série, 2015.

TABLE DES MATIÈRES

Philosophie

aux éditions L'Harmattan

Dernières parutions

LE COMBAT PHILOSOPHIQUE DE MAURICE BLONDEL CONTRE LA DOUBLE IGNORANCE DES MASSES
Diakiodi Adrien
Il existe deux types d'ignorance que Maurice Blondel, philosophe, sociologue et théologien français, invite tout homme à combattre énergiquement pour éviter la disparition prématurée de l'espèce humaine, mais également celle de la planète Terre. Il y a, d'une part, l'ignorance de soi-même, de son être en perpétuel devenir et, d'autre part, celle de ses semblables, de son environnement, du monde physique et de l'Unique nécessaire. Ce livre s'assigne comme objectif de vulgariser les armes pour combattre ces deux fléaux, armes présentées dans sa thèse de doctorat qui l'a rendu célèbre : L'Action (1893).
(Coll. Ouverture Philosophique, 12.50 euros, 100 p.)
ISBN : 978-2-343-07377-4, ISBN EBOOK : 978-2-336-39896-9

CORPS ET POP CULTURE
Bischoff Jean-Louis
Quelles sont les principales représentations pop culturelles du corps ? Pour y répondre, Jean-Louis Bischoff interroge des musiques actuelles, la cyberlittérature, le cinéma et l'industrie de la forme. Faire apparaître et scruter les catégories de « corps réduit », d'« hyper corps », de « corps digitalisé » ou de « corps écrit », de « corps utopique » et de « corps fardeau », puis ausculter la notion de corps réel et pointer les dangers d'un nouveau purisme sont les tâches que se donne l'auteur.
(Coll. Ouverture Philosophique, 19.00 euros, 184 p.)
ISBN : 978-2-343-07378-1, ISBN EBOOK : 978-2-336-39709-2

DE DERRIDA À LÉVINAS, LA DETTE ET L'ENVOI
Le temps de l'autre – La déconstruction et l'invention du futur
Badleh Jalal
La Déconstruction est le nom de la pensée de l'évènement. Mais elle est aussi l'événement, le nom de ce qui arrive, la justice ou l'impossible. Comment s'opère la coordination entre ces deux définitions ? Qu'est-ce qu'un questionnement déconstructif ? Quelle est la place du sujet postdéconstructif dans cette opération ? Cet ouvrage essaie de répondre à ces questions à travers le dialogue qui a eu lieu entre Jacques Derrida et Emmanuel Lévinas.
(Coll. Ouverture Philosophique, 31.00 euros, 290 p.)
ISBN : 978-2-343-07449-8, ISBN EBOOK : 978-2-336-39841-9

FIGURES PHILOSOPHIQUES DU CONFLIT
Sous la direction d'Andreas Wilmes, Joan-Antoine Mallet
L'ambition de cet ouvrage est d'illustrer à la fois comment la philosophie conceptualise le conflit et comment elle s'efforce d'en résoudre les dangers inhérents. Plutôt que de proposer un aperçu purement abstrait de la notion de « conflit », l'ensemble des travaux se focalise sur la confrontation des philosophes à des problèmes historiques tels que la guerre, la dissension sociale, la tyrannie, ou encore le sport.
(Coll. Ouverture Philosophique, 24.50 euros, 238 p.)
ISBN : 978-2-343-07356-9, ISBN EBOOK : 978-2-336-39796-2

FRONTIÈRES DU VISAGE
(Analogique-numérique)
Boisnard Philippe
À travers une histoire de la représentation, cet essai tente d'interroger la question de l'effacement du visage. Si, pendant longtemps, cet effacement était dû à des stratégies de pouvoir, politiques et économiques, il semblerait qu'avec la démocratisation des technologies, peut-être, ceux qui étaient les effacés de l'histoire de la représentation peuvent enfin apparaître. Mais, à l'ère des réseaux, est-ce aussi simple ?
(Coll. Eidos série Retina, 13.00 euros, 110 p.)
ISBN : 978-2-343-07979-0, ISBN EBOOK : 978-2-336-39795-5

HEIDEGGER ET LE PROBLÈME DE LA MÉTAPHYSIQUE
Balazut Joël
Dès 1935 Heidegger retrouve le sens originel de la métaphysique dans la conception présocratique de l'être comme « phusis ». Sur cette base il va interpréter la métaphysique traditionnelle qui apparaît avec Platon pour culminer chez Nietzsche dans une ontologie de la vie et qui prépare le règne moderne de la technique planétaire, comme un «déni» radical de ce sens originel. L'un des intérêts de cette interprétation de la métaphysique, et non des moindres, est ainsi de rendre compte de la signification de la vogue actuelle des philosophies de la vie.
(Coll. Ouverture Philosophique, 14.00 euros, 122 p.)
ISBN : 978-2-343-07296-8, ISBN EBOOK : 978-2-336-39840-2

L'IRONIE DE SOCRATE – Essai sur l'ironie philosophique
Mestiri Samir
Contrairement à l'ironie polémique et insidieuse des sophistes, celle de Socrate est plutôt interrogeante, désirante et ex-centrique, toujours en quête de connaissance vraie. Le fameux « je sais que je ne sais rien » devient chez lui un outil de défigement de la pensée prisonnière des « systèmes compacts », mais, aussi le meilleur remède contre les pseudo-vérités religieuses et idéologiques.
(Coll. Ouverture Philosophique, 12.50 euros, 106 p.)
ISBN : 978-2-343-07035-3, ISBN EBOOK : 978-2-336-39779-5

MATHÉMATIQUES ET FRONTIÈRES
Baudrand Gabriel
Gabriel Baudrand, professeur agrégé de mathématiques, s'intéresse au thème de la frontière. La perception commune du mathématicien est celle d'un technicien

enfermé dans son monde, qui dresse une frontière entre son activité et le reste de la vie. Le formalisme de cette science entretient cette frontière alors que paradoxalement les mathématiques sont partout et que le concept même de frontières est mathématique. Autant de pistes de réflexions que l'auteur nous invite à explorer.
(Coll. Eidos série Retina, 12.50 euros, 104 p.)
ISBN : 978-2-343-07951-6, ISBN EBOOK : 978-2-336-39764-1

MÉLANGES OFFERTS À RENÉ SCHÉRER
Sous la direction de Constantin Irodotou
René Schérer, né en 1992, a été l'un des fondateurs du département de philosophie de l'université de Vincennes. Ami de Foucault, Châtelet, Deleuze, Lyotard, Bensaïd, Badiou, Rancière, Brossat, etc. Il se penche d'abord sur Husserl et Heidegger, puis s'intéresse à Charles Fourier. Militant de mai 68, il entreprend, dans son *Émile perverti*, une critique de la pédagogie. Il réactualise aussi, avec Guy Hocquenghem, le concept philosophique d'âme. «Utopie», «âme» et «hospitalité» sont les trois concepts clefs pour aborder son œuvre.
(Coll. Quelle drôle d'époque !, 38.50 euros, 374 p.)
ISBN : 978-2-343-07527-3, ISBN EBOOK : 978-2-336-39809-9

LA PENSÉE ESTHÉTIQUE DE JOSÉ VASCONCELOS DANS SON SENS ORIGINAIRE
Le contexte historiographique de la philosophie en Amérique hispanique
Luquín Guerra Roberto
La philosophie latino-américaine s'est divisée en deux orientations principales : soit dévalorisée parce que l'on considérait qu'elle ne faisait que reprendre la pensée européenne ; soit on a tenté de la sauver à partir de perspectives étrangères à la philosophie. Roberto Luquin s'interroge sur le sens que peut avoir une recherche sérieuse sur la pensée spéculative d'un philosophe latino-américain. Il soutient que le vasconcelisme est une authentique pensée philosophique, il s'agit d'un geste créateur qui a su faire le lien entre la pensée philosophique et la pratique politique.
(Coll. La philosophie en commun, 29.00 euros, 278 p.)
ISBN : 978-2-343-07624-9, ISBN EBOOK : 978-2-336-39864-8

LES PHILOSOPHIES ENVIRONNEMENTALES EUROPÉENNES
Europeana 6
Collectif
Peut-on parler d'une philosophie environnementale européenne ? Peut-on unifier, sous ce concept, un corpus hétérogène et beaucoup plus diversifié que celui que l'on peut trouver à propos de la philosophie de l'environnement dans la société nord-américaine ? Est-ce qu'une unité géographique, celle de l'Europe, peut suffire pour garantir un dénominateur commun à des conceptions philosophiques aussi diverses, voire divergentes, que celles qui existent sur le «vieux continent» ?
(Coll. Kubaba, 20.00 euros, 184 p.)
ISBN : 978-2-343-07680-5, ISBN EBOOK : 978-2-336-39785-6

LE REGARD EN-PÉCHÉ
Réflexion sur le regard porté sur le corps féminin
Bacha Lilia – Préface de Youssef Seddik – Avant-propos de Michel Sicard
Ferme les yeux et regarde à travers les paupières. Tout au fond de nous, une voix nous suggère cela face au corps de la femme. Sans être dévêtue : la femme est toujours nue, elle est 'awra. Ce terme arabe désigne ce qu'il faut cacher et définit la femme. Quelle est cette créature exhibée par nature, au point de devoir la cacher ? Quels sont les liens entre cette créature et la femme mais aussi l'homme ? Cette réflexion propose de s'y intéresser en naviguant entre orient et occident.
(Coll. Ouverture Philosophique, 25.00 euros, 250 p.)
ISBN : 978-2-343-05808-5, ISBN EBOOK : 978-2-336-39823-5

THOMAS HOBBES ET L'IDÉE DE PUISSANCE
Karray Aouichaoui Mohamed
Ce travail propose l'étude de la théorie de la puissance telle qu'elle s'est développée dans la philosophie de Hobbes. L'idée directrice est que la puissance n'est plus une donnée de la nature mais que c'est à travers l'agir humain qu'elle s'acquiert. Elle est une capacité d'agir sur le monde par le biais de la science. Avec Hobbes, la science devient le moyen le plus spécifique de la puissance, et celle-ci, par le biais de la science, la capacité d'agir sur le monde, tant naturel qu'humain.
(Coll. Ouverture Philosophique, 33.00 euros, 324 p.)
ISBN : 978-2-343-04013-4, ISBN EBOOK : 978-2-336-39810-5

AUX FRONTIÈRES DE L'HUMAIN
Essai sur le transhumanisme
Koest Pierre
Tels des exilés, nous nous trouvons aujourd'hui dans l'entre-deux d'une frontière, qui sépare l'Humain du Trans-humain. Les progrès vertigineux de la convergence des nanotechnologies, biotechnologies, informatique et sciences cognitives font miroiter un futur aux accents utopiques, qui nous promet longévité accrue et augmentation exponentielle de nos capacités biologiques. Mais apparaît conjointement la menace d'un triomphe de l'intelligence artificielle et à terme de l'extinction de ce que l'on nommait humanité.
(Coll. Eidos série Retina, 19.00 euros, 186 p.)
ISBN : 978-2-343-07664-5, ISBN EBOOK : 978-2-336-39557-9

L'HARMATTAN ITALIA
Via Degli Artisti 15; 10124 Torino
harmattan.italia@gmail.com

L'HARMATTAN HONGRIE
Könyvesbolt ; Kossuth L. u. 14-16
1053 Budapest

L'HARMATTAN KINSHASA
185, avenue Nyangwe
Commune de Lingwala
Kinshasa, R.D. Congo
(00243) 998697603 ou (00243) 999229662

L'HARMATTAN CONGO
67, av. E. P. Lumumba
Bât. – Congo Pharmacie (Bib. Nat.)
BP2874 Brazzaville
harmattan.congo@yahoo.fr

L'HARMATTAN GUINÉE
Almamya Rue KA 028, en face
du restaurant Le Cèdre
OKB agency BP 3470 Conakry
(00224) 657 20 85 08 / 664 28 91 96
harmattanguinee@yahoo.fr

L'HARMATTAN MALI
Rue 73, Porte 536, Niamakoro,
Cité Unicef, Bamako
Tél. 00 (223) 20205724 / +(223) 76378082
poudiougopaul@yahoo.fr
pp.harmattan@gmail.com

L'HARMATTAN CAMEROUN
BP 11486
Face à la SNI, immeuble Don Bosco
Yaoundé
(00237) 99 76 61 66
harmattancam@yahoo.fr

L'HARMATTAN CÔTE D'IVOIRE
Résidence Karl / cité des arts
Abidjan-Cocody 03 BP 1588 Abidjan 03
(00225) 05 77 87 31
etien_nda@yahoo.fr

L'HARMATTAN BURKINA
Penou Achille Some
Ouagadougou
(+226) 70 26 88 27

L'HARMATTAN SÉNÉGAL
10 VDN en face Mermoz, après le pont de Fann
BP 45034 Dakar Fann
33 825 98 58 / 33 860 9858
senharmattan@gmail.com / senlibraire@gmail.com
www.harmattansenegal.com

L'HARMATTAN BÉNIN
ISOR-BENIN
01 BP 359 COTONOU-RP
Quartier Gbèdjromèdé,
Rue Agbélenco, Lot 1247 I
Tél : 00 229 21 32 53 79
christian_dablaka123@yahoo.fr

Achevé d'imprimer par Corlet Numérique - 14110 Condé-sur-Noireau
N° d'Imprimeur : 131703 - Dépôt légal : septembre 2016 - *Imprimé en France*